整理整頓 女子的人間關係

Mizushima Hiroko
精神科醫師 水島廣子 著　　張智淵 譯

[序言] 所謂「女性」令人頭疼的特徵

□如同人們常說「女人的敵人是女人」，女性會嫉妒比自己好命的女性，試圖扯對方後腿，或者試圖奪取對方的幸福。

□表裡不一。表面上笑臉迎人，但是背地裡耍陰。向對方說「這個好可愛啊」，但是私底下卻說「實在有夠俗氣」。

□在男性面前，扮演「可愛的女性」、「柔弱的女性」。

□忽視其他女性，試圖讓男性只喜歡自己。

□一旦有了情人就變了一個人。變得一切以情人優先，對其他女性朋友採取「無禮」的態度。

□會以最快速度成群結隊。試圖在「群體」中尋求同夥，排除異質份子。

□不擅長「自己是自己、他人是他人」這種觀點。無法尊重對方擁有和自己不同的意見或生活模式，只要認爲「自己被對方否定了」，就視對方爲「敵人」。

□情緒性地決定「敵人」、「自己人」，對於奉承自己的人，赴湯蹈火在所不辭，相對地，對於自己的「敵人」，情緒性地攻擊到底。在大多數情況下，這種情緒性攻擊會被賦予「正當」性，主詞不用「我」，而是用「一般人」、「就常識來說」等等。

□喜歡背後說人壞話、講八卦，也就是討論他人的負面話題。

□不會有話直說，說話方式間接而拐彎抹角，擺出一副「你知道我的意思吧」這種態度。而若對方不明白自己的意思，就會不高興。

□端出自己是「媽媽」、「姐姐」的姿態。即使沒有惡意，但自以爲最了解對方，將自己的意見強加在對方身上，或者指責對方。

上述種種特徵，往往使得人們這麼說「女性就是因爲這樣，所以才討人厭……」。

由於以上的「女性」特徵很麻煩，不少人覺得比起跟女性來往，跟男性來往比較爽快又輕鬆一些，男性朋友的數量多於女性朋友。

所謂「女性」令人頭疼的特徵，當然不是從所有女性身上都看得見。有的女性某個特徵明顯，其他特徵則不明顯。當然，有的女性身上幾乎看不見這些特徵。

以上列舉的「女性」特徵，在本書中都寫成「女性」。這是爲了請各位了解，**本書並無意圖指涉「女性」的不是，而是整理與整頓能從各種「女性」身上看見的、一連串令人困擾的特徵。**

只要了解「女性」的特徵，和女性之間的關係就會變得順暢！

若試著仔細分析那些相處起來很困難的女性，我想，幾乎所有人都能從她身上發現困擾人的「女性」特徵。要是弄錯了對待「女性」的方式，事情會變得更加麻煩，因此在本書中，我會列舉具體案例向各位解說，幫助你了解「女性」，與女性之間的關係變得順暢。

一般而言，「女性」指數高的人容易被其他女性討厭，「受到女性喜歡的人」，通常是「女性」指數低的人。因此，認識自己內在的「女性」，降低「女性」指數，也可說是能與女性和睦相處的訣竅之一。

此外，熟知「女性」，還能使你內在的「女性」能力變得柔韌堅強。

「女性就是因爲這樣，所以才令人頭疼……」這種氛圍，會產生女人簡直是次等性別這種錯覺，奪走女性身上的力量。此外，似乎只要以「女性」身分活下去，就無法和其他女性產生眞正的交情。

眞正的交情會帶來莫大的力量，但是「女性」之間卻只能產生徒具形式的交情？

如果能夠熟知「女性」，降低自己內在的「女性」指數，就能對其他女性造成正面影響，也能使自己具備女性的所有能力。

過去人們說「女人變強」時，幾乎都是以「變得像男人一樣」這種邏輯在訴說。然而，轉過頭來關注「女性」特徵，除了不會失去身爲女人的樂趣之外，還能使你變得堅強。不管你「有結婚/沒結婚、有工作/沒工作、有孩子/沒孩子」，哪種立場都沒關係，請以「並非『捨棄女性』，而是擺脫『女性』令人頭疼的特徵」這種嶄新的生活方式爲目標活下去，成爲能療癒自己、也能療癒他人的女性。

CONTENTS

CHAPTER 3

如何和想製造「敵人」或「自己人」的女性相處？

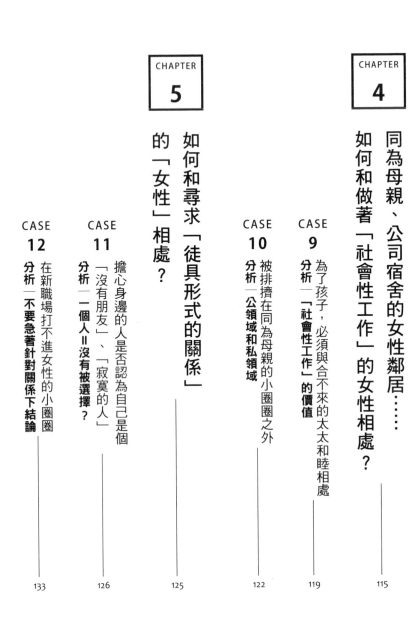

CHAPTER 6

如何和做不到「自己是自己、他人是他人」的「女性」相處？

CHAPTER 9

溫柔地療癒自己內心的「女性」

CHAPTER 1

為何「女人的敵人是女人」？

總是被別人傷害的人，身上有哪些特徵？

在序言中提到了「女性」令人頭疼的特徵，擺脫「女性」會賦予女人力量。從「力量」與「交情」這種觀點看「女性」，是有根據的。

從被虐待或霸凌等等，總是被別人傷害的人身上，我們能看見許多共通的「女性」特徵。當然，這些特徵的強度或是其他附帶的特徵，不能籠統地都視爲「相同」，但是確實具有類似的傾向。

舉例來說，從小到大總是被否定的人，**只要一有人和自己的意見不同，就容易覺得「自己遭到了否定」**。這是由於這種人不是在「可以擁有不同意見」的環境中長大，總是一直被強加「你的話是錯的」這種「『正確的』意見」。

此外，長期被虐待的人，看到他人時，具有先**區別「是敵人或是自己人」**的傾向。對於長期被他人傷害的人而言，對方是不是會傷害自己的「敵人」，是攸關身心安全、非常重要的主題。而對方一旦被分類爲「自己人」，長期受虐者便會一直確認對方的言行是否「站在自己這一邊」，只要發生稍微令這種人懷疑的事，這種人的情緒就會變得非常不穩定，或者動怒。

從小到大總是被否定的人，**當然不擅長坦誠地說出自己的心情**，因爲若是曝露了眞正的自己，不曉得會遇上多麼可怕的下場。因此，爲了避免自己受傷，這種人不會有話直說，會採取兜圈子的說話方式，或者以強調自己的主張具有「正當性」這種方式來說話。

此外，長期被他人傷害的人，具有**難以區別「自己的領域」和「他人的領域」**這個特徵。爲了保護自己，這種人一路走來總是觀察對方的臉色，所以「察覺」變成了理所當然的事，不懂得「告訴對方，對方才會知道」。

一旦互相察覺變成理所當然，就會變得無法區別「自己的領域」和「他人的領域」。每個人有各自的隱情，有只有自己才知道的「領域」，以及不能擅自指責對方的「領域」。可是，如果不負起告知自己的「領域」的責任，就只能任由他人侵入「自己的領域」，因此遭到傷害。這種人甚至不知道，「自己的領域」原本就該被尊重。

如果無法順利地區別「自己的領域」和「他人的領域」，而將主要焦點放在對方是否會傷害自己，就無法採取「他人是他人、自己是自己」這種看法，導致先前提到的，「一有人和自己意見不同，就覺得自己遭到否定」。其實，對方只是在「對方的領域」中擁有自己的意見，和你毫無關係，但是這種人會覺得自己遭到了否定。

無論男女，總是被傷害的人大多具有以上特徵，但是，有些「女性」即使沒有特別被傷害過的明確經驗，爲何也會表現出類似的特徵呢？

「女性」特徵從何而來？

當然，我們無法輕易論述「女性」特徵從何而來。有人說，那是雌性動物生理上的本能，難道真是如此？

例如，有的人即使平常「女性」指數低，但是在談戀愛時，或者接觸到具有威脅性的女人時，其「女性」特徵會從內在強烈地湧現。也有人在談戀愛時或看到「完美的女性」時，感覺到負面的嫉妒情緒在自己內心翻騰湧現，心想「原來我是這麼討人厭的人」，而感到錯愕。

此外，有的女性雖然從前「女性」指數高，但是在累積人生經驗後，「女性」指數下降了。

如果像這樣，「女性」指數隨著時期或心靈成長而改變，就不能單純地說「那是雌性動物生理上的本能」。

但是若從「女性如何被教育？身邊的人期待她具有哪種『女性特質』？」以上觀點來看，「女性」特徵就理所當然產生了。接下來，讓我們探討這些特徵來自於何種背景吧。

女性是「被選擇的性別」

當然，時代一直在改變，但是**就傳統的、如今仍是一般的趨向而言，女性是「被選擇的性別」**。

舊時代女性難以憑自己的力量建立社會地位，而是依「被哪個男性選擇」而決定社會地位。相較於男性以社會地位爲目標而磨鍊自己，女性往往「爲了獲得好婚姻」、「爲了被好男性選中」而磨鍊自己。

這並非完全是舊時代的事，即使如今工作對女性來說變得理所當然，但仍強烈地殘留著身爲「被選擇的性別」的特徵。當人們訴說某位女性的價値時，經常無法與「和哪種男性結婚」切割。

有的女性和社會地位高的男性結婚之後，立刻變得受到矚目，或者被人當作「貴婦」對待，這也是「女性」的特徵之一。

此外，和廣受歡迎的男性結婚的女性，經常成爲被抨擊的對象，這也是「女性」的特徵之一。**世界是以「被選擇」為中心旋轉**，所以「沒有被選中的人」（現實中也包含不可能被選中的人），遇到「爲何那種女性被選中了」這種情況，會大受打擊，因此產生「那種女性不可能被那個優秀的男性選中」、「她肯定隱藏本性，奉承了對方」這種心情。

試著對調男女，會更理解這種感覺。舉例來說，十分美麗的女性和令人覺得「抱歉」的男性結婚了，這種情況下，大多會說成是女性這一邊的「喜好」

或「選擇能力」有問題，像是「沒想到她竟然喜歡那種男人」、「她雖然是個有能力的女性，但唯獨沒有看男人的眼光」等等。除非那位男性一般被人認爲說謊成性，否則採取「男性隱藏本性，奉承了女性」這種看法的人反而少。這種不對稱性，也是顯示女性仍是「被選擇的性別」的一個例子。

某個女性被選擇，代表其他女性「沒有被選中」，所以內心受傷，對「被選中的女性」刁難或抨擊。當然，若是做得太露骨，就會被認爲是「沒被選中的人在嫉妒」，也可能進一步反而成爲被抨擊的對象，因此經常以「正當性」或「客觀性」表達主張。所以我們經常可以看到有人私下爆被選中的女性的料，像是「她現在扮演賢妻良母，但她原本是……」。爲了避免看起來是「自己受傷了」，所以轉換成「那種女性會欺騙眾人」這種說法。

被選擇＝重視「外在」

如今戀愛中的女性主動告白不再是禁忌，「自己的伴侶（情人）自己選擇」這種女性也比以前增加了許多。

不再是以夫爲貴，靠自己確立社會地位的女性越來越多。

儘管如此，女性之所以殘留這麼多「被選擇的性別」的特徵，我想，**大多數情況下，「有魅力的女性」依然是外在的必備特質**，也就是美麗的外表、性魅力，或者是有女人味的言行舉止。女性的細心經常也是「有魅力的女性」的必備資質，雖然**乍看之下，「女性的細心」是內在問題，但其實可說是「外在的事物」**，因爲**「女人的細心」能夠依程度不同而標準化**，能夠標準化，代表是「看得出來的外在形式」。此外，「細心」也與其他特徵有相關之處，後面會另再說明。

只要男性繼續尋求這些女性的外在事物，**女性就總是有「扮演」它的理由**。「如果這樣行動，就會受到男性喜歡」，「假仙女」便可說是因此而生的一種現象。

如果以女性為對象進行「討人厭的女性」問卷調查，「在男性面前很愛演的女性」被討厭的指數很高。「愛演的女性」令人不舒服之處，在於為人矯情。但女性心裡會想著「假如自己也那麼做，說不定因此能得到好處」，刺激內心「女性」的另一部分，縱使對於不肯公平遵守遊戲規則的假仙女感到厭惡，但也會將自己的吃虧歸咎於自己笨拙、憨直。

當然，「外表」也是男性的重要魅力之一，而且男性中任誰都在人前某種程度地演戲，但是男性的魅力具有多樣性，難以標準化。相對地，「如果這樣行動，就會受到男性喜歡」這種女性的特徵，容易扮演，而且非常容易被其他女性一眼看穿。

「女性」的「比較心情」存在於關係之中

只要「女性」是「被選擇的性別」，**有人被選中，就一定有人落選**，所以有人被選中，就會有「女性」因此而受傷。有人被稱讚「漂亮」，就會產生「其他女性沒有被稱讚漂亮」這種事件，這就是所謂**「女人的敵人是女人」**。

許多人看到這種女性互扯後腿的現象，認為「就是因為這樣，所以女性才討人厭……」，但是，**這個問題的本質不在於女性的陰險，而是女性外表的評價，處於「被選擇」這個被動的立場**。

「比較別人和自己」、「嫉妒別人」，這種「女性」的特徵，源自於「被選擇的性別」。因為**活在**「有人被選擇，等於自己沒有被選擇；有人被誇獎，等於自己沒有被誇獎」這種**相對評價的世界**。有的女性明明已經擁有很多了，但是對於自己缺乏、但其他女性卻擁有的事物，感到強烈的嫉妒，這也是例子之一。勢必會針對某一個點，比較自己和他人。

當然，不只是「女性」會比較，男性也會比較。不過，男性的比較大多用於社會上的定位，譬如遠勝過自己的男性，或作為自己的指標──「那個人做人成功，真厲害。我想變得像他那樣」；「如果工作能力能像那個人一樣強」；「那個人的業務能力好像跟我差不多」……也就是說，並非比較「被選擇的是自己或對方」，而是「身為人彼此相差多少」、「社會地位相差多少」。

當然，如同人們說「男人的嫉妒比女人的嫉妒更惡質」，例如政治場合中，或是**在某個封閉場域發生爭奪權力的情況下，和女性的嫉妒一樣，男性身上也會發生「誰被選擇」這種現象**。

然而，一般男性大多會認為「自己要增強實力，擊敗對方」，鮮少產生「如果幹掉對方，自己就能躍居上位」這種心理狀態。

相對地，「女性」會在意「看在對方眼裡，自己的存在具有何種意義」。

舉例來說，兄弟姐妹之間，女性經常會在意「自己是否受到父母疼愛」。姐妹之間，經常回憶道「父母疼愛姐姐更甚於自己」、「父母總是比較疼愛妹妹」，但是在兄弟之間，不太會聽到這種事。

比起「父母比較疼愛誰」，兄弟之間在意「誰比較受到父母期待」的案例較多，也就是說，比起「對方怎麼看待自己」，男性的觀點著重於「在社會上躋身於多高的地位」、「在社會上能夠發揮多少實力」、「在社會上做事能夠達成何種成績」。男性認爲即使再怎麼受到父母溺愛，若在社會上沒有出息，就毫無意義。

「女性」身為「被選擇的性別」，勢必會注意到「對方怎麼看待自己」。

由於選擇自己的是對方。因此，其關注的目標是封閉場域中的「和對方之間的關係」。重視關係是「女性」的特徵之一，難以形成「無論對方怎麼看待我，我都想追求自己的路」這種想法。重要的不是「自己想怎麼做」，而是「該怎麼做才會受到對方喜歡」。若是永遠將自己的價值被動地交給他人，會使「女性」成為非常無力的角色。

「男性為主的社會」所創造出的「女性」

不只是女性之間的比較會令人受傷。在男性占優勢的社會中，勢必也有許多女性因為身為「比男性矮一截的性別」這個定位而受傷。舉例來說，歧視女性就是典型之一。明明是做一樣的工作，但是女性的待遇低於男性，或者只有女性被迫做雜務，這也令人受傷。更麻煩的是，男性安於女性「無微不至的細心照顧」，經常會覺得「欸，女性最後應該會照顧我」。

此外，女性經常被要求扮演「襯托男性」這種角色。但對於承擔責任會感到不安的部分「女性」來說，她們站在「輔助」的立場，甘願扮演照顧男性的角色，因此，並不能全說是男性的錯。**在以男性為主的社會中，女性也被期待扮演「家庭主婦」**。這種現象尤其常出現在專業工作被男性主導的社會，更有女性因爲討厭這種現象而逃到國外。

「明明是女人」這句話

「明明是女人」這句話在各種年代、各種場景中被使用，它經常傷害女性，而這正是女性被期待扮演某種角色的證據。由於沒有做好被期待的女性角色，而被「明明是女人」這句話提醒。

在不斷被說「明明是女人」的過程中，女性當事者會漸漸覺得自己若不按照對方的期待行動，會產生「自己是個沒用的女性」、「自己是個沒有魅力的女性」這些心情。

女性在此時也會受傷。原本應該能夠盡情發揮自己的特色活下去，但是一被說「明明是女人」，就心情萎靡，覺得必須成爲他人眼光中的「女性」。

體型和打扮也是如此。若被說「明明是女人，不會更用心打理自己嗎？」，原本自己滿意、或者幾乎不在意的外表，似乎立刻出現了「自己很糟」的證據。此外，若被人說「明明是女人，不會機靈一點去泡茶嗎？」，就容易覺得做不到這種事的自己是「不夠機靈的笨女人」。

無論是對打扮用心，或者替人泡茶，都沒有任何問題，但若被別人以「明明是女人」這種邏輯指責，那甚至帶有否定人格的語氣。

像這樣被傷害的過程中，會心想「反正我是女人……」，後退一步，轉變爲「與其率先處理事物，不如躲在男性背後，貫徹輔助角色」這種態度。與其主張自己的意見，不如巧妙地觀察對方的臉色，成爲做事越來越機靈的「女性」。

扯他人後腿的「女性」

因為自己是女性而忍耐，但也經常因為這種被害者意識，而「不能原諒」無法忍耐的女性。人們常說「女人的敵人是女人」，從以上描述便可一窺端倪。當某個女性在社會中站在優勢立場時，想扯她後腿的，往往是「必須忍耐犧牲而讓出社會地位的女性」（當然，也有人了解該立場的重要性而給予援助），當我們考慮到那位扯後腿的女性其實有著沒被療癒的被害者意識，就能夠理解。

活躍於社會中的女性經常被說「你明明連孩子也沒生過」，這種責難不僅止於「沒有養育孩子的經驗而導致無知，以及沒有體驗過爲人母親的自我成長」，經常演變成更廣泛的人格攻擊。我們可以這麼理解，「爲了生育孩子，犧牲了許多可能性」的女性，她們的心情尚未被療癒。

此外，也有活躍於社會、同時也生育孩子的女性，但她們也經常被說：「反正你不是自己帶孩子，是交給托兒所或保姆吧？這種不負責任的養育孩子方式，能夠培養母子間的情感嗎？」

由於養育孩子時，「不是夫妻分工，而是該由女性養育孩子」這種世俗責任，目前還壓在女性的肩上，因此「你明明沒有養育孩子的經驗」、「反正你不是自己帶孩子吧？」這種責難的矛頭不太會指向男性。

當然，養育孩子可說是一件幸福的事，但是無法忽視會有犧牲自由這一面。因此，「女性該養育孩子」意謂著「女性該爲了孩子犧牲自由」。

一般而言，**因為「義務」而被束縛的人，也會想以「義務」束縛別人**。受到「母親該照顧孩子」這個「義務」束縛的人，也會要求其他女性這麼做。因此，通常並不是「無論別人怎樣做，自己都強烈地想要親手養育孩子」這種人，而是基於「義務」而行動的人，看到活得很自由的人，就會覺得「不應該那樣生活」。

這會出現所謂的「女性小刁難」，像是「虧你做得出那種事」、「孩子眞可憐啊」。

當然，這些話多是以「正當性」爲基準，並不會直說「我都忍耐了，你居然不忍耐，好奸詐呀」，頂多挖苦地說「要是從前的女性想都別想」、「如今的女性好自由，眞好」等等。

被要求「像女人」而創造出的「女性」

在各種場合中，女性會被要求「像個女人」。女人重要的特質之一是「細心」，簡單地說，就是要會仔細觀察對方的臉色。而**若能善於察顏觀色，就會被人稱讚「機靈」、「不愧是女孩子」**。

然而，若總是察顏觀色，**就會搞不清楚「那究竟是誰的領域的問題」**。

人有許多只有自己才知道的隱情。像是與生俱來的事物、成長的環境、至今經歷過的事、熟人的價值觀、最近的狀況、今天的身體狀況和心情等等……只有本人知道實情。在這種只有自己才了解的領域中，我們會從中感覺、判斷各種事情。

能夠端詳對方的臉色、能夠察覺對方需要的事物，等於是進入對方的領域進行揣測。這種行爲偶爾會令對方開心，但基本上，這種模式是「侵犯」對方的領域。

這也造成「女性」的問題之一，一種被稱爲「母親病」、「大姐頭病」的特徵，例如「因爲我最了解你」、「因爲我比你更了解你」這種態度。假如這種認知偏離實際情況，等於是「強迫對方接受牛頭不對馬嘴的事」，即使這種認知和對方的實際情況一致，對方也可能只是覺得你「多管閒事」。一般人想自己決定自己的事，想要有自行煩惱、思考的自由空間。更有人會對於他人擅自指責自己的事而感到火大。

話說回來，若只是基於當下聽到的有限資訊，以及忽然想到的事進行評斷，然而當事人其實老早就察覺到並且正在嘗試了，因此經常會產生「不用你說那種話，我也知道」、「如果做得到的話，我早就在做了」、「不知道別人的隱情就隨便發言，眞不負責任」這種想法。

讓他人察覺到自己是理所當然的「女性」

會若無其事侵犯他人領域的人，對於「領域」的分際感原本就很淡，因此也會要求他人做到一樣的事。**即使自己不表現出來，也希望別人觀察她的臉色**，這種想法即是「女性」的特徵之一。因此，會產生「你明明應該了解我的心情」這種不滿。覺得對方應該懂她的心情，但是卻踐踏了她的心，因而憤怒，或者產生自己沒有被重視這種心情。

一般而言，男性會試圖以「對方多麼認同自己的努力」，判斷對方對自己的愛，但是女性卻以「對方多麼在意自己的存在」，來判斷愛的傾向。因此，**「即使自己不說，對方也能察覺」，對於女性而言是非常重要的事**。如果在臉上表露出心情不好，對方在意地表達「發生什麼事了呢？不要緊吧？」，是一種愛的形式。也就是女性期待對方在意「自己的領域」中的事。

女性的擅於察顏觀色被視爲美德，會被說成「機靈」，所以要求對方做到這一點也不足爲奇。因此**會覺得對方察覺不到就是「不在意自己」，也是無可奈何的事**。然而，若對於對方察覺不到那些**「自己的領域」中的事**，而感到不滿，人際關係的品質就會降低，也會造成各種問題。

其實，背後說人壞話也經常從這裡衍生出來。無法從女性的臉色巧妙地察覺出她的心情，做出了沒有顧慮到那位女性的行爲時，她經常會在你背後說「一般都會知道吧」之類的壞話。當然，她的心裡話其實是「你不了解我的心情，踐踏了我的心情，讓我受了傷」。

然而，直接告知經常具有「被拒絕」、「覺得奇怪」的風險，所以「女性」鮮少直接說出眞正的需求。於是，陷入了「希望對方察覺，無法獲得期待的結果，就在背後說壞話」這種模式。

「女性」是指：沒有被療癒的內心

看到目前爲止我們得知，長久以來，女性是被男性選擇的性別，被要求具備「細心」、「低調」、「能夠察顏觀色」等等「女性特質」，在以男性爲主的社會中，置身於「明明是女人」這種立場。我想，若是在這裡面鑽牛角尖，就會因此受到許多傷，此外，變成無法區別「自己的領域」和「他人的領域」的人，也是無可奈何的事。

「女性」的特徵就像是那些傷的症狀，這麼想的話應該就很容易理解。這非常類似在24頁說的「總是被別人傷害的人」具有的特徵，即使受創並不怎麼深，但女性會在各種場合中不斷被傷害。此外，即使沒有對身體造成危害，但經常置身於擔心「自己是否眞的被對方喜歡」，總是觀察對方臉色，這就像是置身於危害模式。這些傷口和警戒心，會以「女性」的形式表現出來。

因此，我們該朝療傷方向走去。**不是心想「女性就是因為這樣，所以才討人厭……」，這會使女性受傷更重，而是必須療癒女性。**

本書中，會透過案例觀察並處理女性之間令人頭痛的關係，但將觀點放在「癒療女性」上。

和「女性」和睦相處，等於療癒自己的「女性」

從下一章起，我會按照案例的情況來思考和「女性」和睦相處的方法，重點有兩個。**一是不要瞧不起，或者輕視「女性」**。本書的目標是「療癒『女性』」，若是採取「女人就是因爲這樣，所以才討人厭……」這種看法，「女性」就會更加受傷，變得更「女性」。要將「女性」視爲「受傷的內心」、需要療癒的對象看待。

另一個重點是自己不要變成「女性」。

到目前爲止的內容可以知道，「『女性』的敵人確實是『女性』」。因此，只要自己是「女性」，就勢必會成爲「女性」的敵人。若自己具有「女性」特徵，就會刺激其他「女性」，使情況變得困難。

「女性」討厭「女性」，但是受到所有女性喜歡的女人，是「女性」指數低的人。直爽、溫暖、不拖泥帶水、不嫉妒、表裡如一、正直、眞誠、始終如一，這些特質會受到所有女性喜愛。因爲這些是能使內心受傷的「女性」心安的特質。「女性」清楚地知道，這種女性絕對不會背叛自己，會尊重自己。相對地，即使是看起來多麼笑容滿面、有禮貌、表現完美的女性，若是會令人有「她私下到底在想什麼呢？」這種感覺，就會被「女性」討厭。

因此，要和「女性」和睦相處，其實也是**學習和自己內心的「女性」來**

往。

療癒自己內心的「女性」，才能提升女性人際關係的品質。即使是平常感覺不太到內心「女性」那一面的人，若是談戀愛，或者接觸到「女性」指數太高的人，自己內心的「女性」也經常會受到刺激。這種時候，**不要只是被自己的「女性」挾持，也不要因此否定「女性」，而是以完全地接納、療癒「女性」為目標。**

療癒「女性」會強化女性的所有能力

本書和讀者一起探討著療癒各種「女性」特徵。能夠更喜歡身爲女性的自己，以身爲女性爲傲。此外，能夠一方面察覺到自己的能力，一方面發揮能力，與男性、女性都能和睦相處，一起創造這種新的女性形象。

爲了做到這一點，首先要擁有**主動退出「被誰選擇」這種生存遊戲的勇氣**。當然，這不是放棄成爲迷人的女性，而是將判斷事物的軸線從**「該怎麼做才會受到對方喜歡」改變成「自己想怎麼做」**。魅力也是其中之一，從「該怎麼做才會看起來迷人」改變成「我想具有哪種魅力」。

我會跟讀者一起討論「女性」之間的困難關係，作爲思考的材料，這應該能直接減輕女性的人際關係所造成的壓力，同時產生療癒效果，進一步引導出改善關係的可能性。

「女性」會從「女性」身上察覺到危險，但是會從「女性」指數低的人身上感覺到心安，進一步獲得療癒。你會發現，讓自己成爲能夠獨立、堅強，活用「女性特質」的女性，身邊的麻煩女性，也會漸漸地減少。

也有可能會使你這麼想：說不定「身邊難纏的『女人們』，並不是替自己帶來災難的人，而是幫助自己致力於療癒『女性』這個主題的人」。

讓我們朝這個目標前進，分門別類地探討《女子的人間關係》吧。

本書的
思考模式

「女性」

本書將序言中列舉所謂「女性」令人頭疼的特徵，表記為「女性」。它不是意指女人本身，而是指能夠從各種女人身上看見的、一連串令人困擾的特徵。

3個步驟

從第2章開始，會針對具體的人際關係煩惱，以「1暫時的因應之道→2不受攻擊的方法→3建立真正良好關係的方法」這3個步驟解說。

不被捲入

暫時的因應之道

為了避免物理性、精神性地被捲入，退一步思考。
不以「女性」的眼光看對方。

明哲保身

為了避免成為被攻擊的對象，明哲保身的方法

不要瞧不起、看輕「女性」。

療癒「女性」

和對方建立真正良好的關係

如何和自己內心的「女性」來往？
療癒對方內心的「女性」，自己內心的「女性」也會被療癒。

CHAPTER 2

如何和愛比較的「女性」相處？

不被捲入「女性」之中，就能明哲保身

在上一章提到，爲了和「女性」和睦相處，自己必須不變成「女性」。只要自己是「女性」，基於「女人的敵人是女人」，和「女性」和睦相處會變得困難。

那麼，該怎麼做，自己才不會變成「女性」呢？第一步意外地簡單。那就是**不要以「女性」的眼光看「女性」**。

若以「女性」的眼光看「女性」，對方對於自己而言，就會變成「敵人」。於是，會演變成單純的「女人之間互扯後腿」，即使表面上能夠和睦相處，內心也是暗潮洶湧。

因此，第一步是不以「女性」的眼光看對方。這樣就「不會被捲入『女性』之中」。

不以「女性」的眼光看對方，是熟知「女性」、並且理解其中發生的是**單純的「『女性』的模式」**。也就是說，**不要多生事端的意思**。不要認爲「這個人是不是人格上有問題？」、「這個人是不是對自己抱著特別的惡意？」，而是**單純地認為「因為是『女性』，所以在這種條件下，會如此反應而已」即可**。

被捲入的方式有兩種
——物理性地被捲入和精神性地被捲入

即使統稱爲「被捲入」，但其中有兩種被捲入的方式。一種是在行動層面物理性地被捲入，因爲對方而改變了行動。

另一種是即使沒有物理性的變化，但是「產生不悅的心情」、「感受到壓力」。這是精神性地被捲入。

在此，爲了避免以任何一種形式被捲入對方的「女性」之中，讓我們一面看具體案例，一面思考吧。重申一次，基本態度是不要讓自己變成「女性」。

CASE
1

因為嫉妒而互相競爭的「女性」

A女的案例

B女是公司同事。不知道爲什麼，她把我視爲競爭對手，凡事和我競爭。

我在工作上擔任比她好一點的職位，她心裡頭就不是滋味，對我採取挑戰的態度，令我十分困擾。我爲了避免接受她的挑釁，不把她的言行放在心上，但我已經忍無可忍了！

除了工作之外的事，打扮、戀愛，她什麼都要跟我比，我眞是受夠了！

分析

如何處理「想被選擇的心情」？

這正是身爲「被選擇的性別」的「女性」症狀。A女擔任比較好的職位，等於B女「沒有被選擇擔任那個職位」。這對於**身為「被選擇的性別」的「女性」而言，是一件令人受傷的事**。對方當然會嫉妒，扯你後腿。B女心裡想說的應該是「其實，該被選擇的是我」。因此，才會凡事比較，想要主張「其實我比你強……」。並且想勝過對方，滿足自己「想被選中的心情」。

STEP 1

不被捲入

爲了避免被捲入，第一步是果決地對「女性」的看法定調。前面提到「女性」是指「沒有被療癒的內心」，這位同事的言行無論看起來多麼高高在上，也正是「沒有被療癒的可憐內心」。

「女性」身爲「被選擇的性別」，如果不在介意的點上贏過對方，就不會善罷甘休。B女表現出的態度，正是如此。如果沒贏，就會掛在心上。沒有被療癒的內心，非常拘泥於這種表面的「勝負」。其中具有「我不能再輸了」這種神經過敏的緊張感。

當然，對於「勝利」沒有絲毫滿足的喜悅。即使覺得「贏了！」，下一秒鐘又注意到別的地方「輸了」，疑神疑鬼地擔心自己下次是否會遭到暗算而失敗。**身為「被選擇的性別」的「勝負」，並不具有真正的「勝利」**。

因此，不要將她的態度視爲在挑戰自己，而是當作「她」的內心沒有被療癒來看待比較適當。**若不稍微占優勢，就會擔心「自己變成不被選擇的人」、「自己變成了價值低的女人」**，思考她的這種心情，我想，就能想像到那是充滿壓力的生活方式。

一旦想到「自己被討厭了」、「自己被挑戰了」，就會變成「自己的事」，不斷地被捲入她的領域之中。可是，抱持著「她是個過著充滿壓力人生的可憐人」、「她總是神經過敏，如果不確認自己沒輸，就不會善罷甘休」這種看法，像這樣**不把「她的事」放在心上**，非常重要，也就是將發生的事視爲單純的「『女性』模式」。

至於「不把她的言行放在心上，但我已經忍無可忍了！」，壓力程度也會依照採取哪種態度而有所不同。如果先認爲「自己被挑釁了」，然後不放在心上，那等於是「忍耐」、「忍受」，但如果只是認為心中非常不安的她採取了不適當的態度，應該就能心想「是喔，她那麼不安啊」，**選擇「原諒她」這個從容的選項**。也能夠抱持這種想法「明明不必總是那麼神經過敏，更舒適地生活不是更好」，以遊刃有餘的態度對待她。我想，只要處於「輸就是贏」這種悠然的心境就行了。

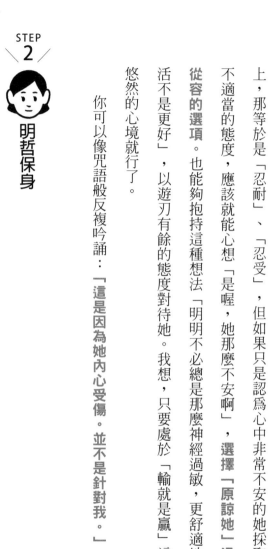

你可以像咒語般反複吟誦：**「這是因為她內心受傷。並不是針對我。」**

STEP 2

明哲保身

如果緊張的關係只存在自己和她之間，光是步驟1「不被捲入」就夠了。

然而，像她這種人有時候會把旁人捲入，逼你站在不利的立場。她可能在背後說「A小姐覺得自己的能力比較強……」。由於是每天工作的職場，這種情況能避免就要避免。如果爲此需要採取行動，**避免說出刺激她的話，就能預防不利自己的情況發生**，但是最好也對旁人，事先做好保護自己的預防措施。

其中之一是**「不說她的壞話」**。這正是不讓自己變成「女性」。用看似正當的言詞在背後說人壞話，實在是「女性」的專利，但若你也變成「女性」，就會招來其他「女性」們的反感，男性也會認爲「女人就是這樣，才討人厭……」而疏遠你，創造不出對自己有利的狀況。

另一件事是**從平常開始就和她之外的人建立信賴關係**。好好打招呼、誠心誠意地處理好他人拜託你做的事、平等地對待所有人，**凡事不要情緒性地反應，而是客觀地看待**。也就是降低「女性」指數。這麼一來，假如她將旁人捲入，試圖陷你於不利的立場，應該也會在某個地方剎車。因爲「女性」指數低的人，容易得到人們的好感。

儘管如此，如果有人與她同一陣線，一起對你做出討厭的事，那個人也是相當程度的「女性」。只要認爲只是「女性」的數量增加了，用相同的方式對待她們就行了。

STEP 3

療癒「女性」

如果心有餘裕，就著手於調整和她之間的關係，朝著療癒「因爲受傷而感到不安的她」這個方向前進。

如果認爲「她已經夠麻煩了，沒必要對她做那種事」，不這麼做也無妨。可是，如果她是會和你長期一同工作的對象，稍微改善你們之間的關係，對你而言也會比較輕鬆。

不安的心需要的是心安。如果表現出**「我尊重你」**，像是從平時就以一貫的態度對待她、尊重她的人格，如果她心中有敬重的人事物，也對其表示敬意，她應該就會漸漸地對你感到放心。女性若被視爲一個獨立人格，受到眞誠的尊重，「女性」指數就會降低。這是由於能得到**「即使沒有被選中，我的價值也不會動搖，也被當作值得尊重的人對待」這種心安**。

這適用於所有女性，若將對方**視為一個獨立人格尊重，表現出發自內心的體貼與感謝，「女性」就會獲得療癒，「女性」指數隨之降低**。

會說話的男性經常對職場的女性說「這件衣服眞有品味」、「你今天比平常更美」等等奉承的話，但是「女性」通常會很開心。這就是因爲自己這個人受到了尊重。因爲如果自己被瞧不起，是不可能特地看自己一眼、特地發表感想的。

面對故意表示自己高人一等的同事，不把對方的言行放在心上時，A女也許曾經這麼說「是喔，眞厲害」，但我想，其中包含溫暖的心情也不錯。如果一面用心地聽她說，一面心想「你眞努力啊；其實不必在意那種事，你眞拚命啊；如果不那麼努力，你覺得自己就會被人瞧不起，眞可憐啊」、「你過著我不能理解的坎坷人生，想必吃了很多苦吧」，然後由衷溫暖地說「你眞的很厲害」，我想，**她不會再覺得「誰比較厲害」，而是覺得自己被接納了，心漸漸地被療癒**。

長久下來，她應該會一步步覺得你是個「能夠令人心安的人」。B女本身的療癒進展到什麼程度是她的問題，但是和她之間的關係應該會改善不少。後面會提到「女性」尋求「徒具形式的關係」，但是對方一旦覺得你是打從心裡能夠令人心安的人，就會打造出和「徒具形式的關係」截然不同的關係。

如果和對方擁有彼此心安的關係，比起心想「我已經忍無可忍了！」，對於A女本身來說，這也會成爲一種療癒。**當對方的「女性」療癒時，也是自己的「女性」療癒之時**。我想，清爽、溫暖的瞬間會越來越多。

CASE 2

指責他人生活型態的「女性」

C女的案例

身爲家庭主婦的朋友指責我去工作。我產下第一胎的半年後，回到職場工作。同一時期也生了孩子的朋友是專職家庭主婦。由於產期將近，我在懷孕時和產假時滿常和她聯絡，這讓我有種心安的感覺，而且兩人之間的感情變得比過去更好。可是，我一回到職場工作，她就常對我說「這樣孩子很可憐」、「三歲之前，陪在孩子身邊比較好」。爲了避免出言頂撞，我回應「我們家如果不是夫妻兩人都工作，經濟上會有困難」，但是這麼一來，她覺得我好像在嫉妒或鬧彆扭。我認爲，除了經濟因素之外，工作是爲了我自己比較好，但是這麼一說，聽在身爲專職家庭主婦的她耳裡，或許反而會覺得是我在指責她……。撇開這一點的話，她眞的是個好朋友。

分析

如何克服生活型態的差異？

不可思議的是，由於生活型態的差異而造成煩惱，可說是女性特有。

舉例來說，若職場中同時存在正在養育孩子的職業婦女和單身女性，對於爲了孩子而提早回家的職業婦女，單身女性容易覺得「她把加班全推給了單身的我」，相對地，正在養育孩子的職業婦女看到自由自在去喝酒的單身女性，常常心想「單身的人不懂自己的辛苦」。案例中的C女爲了養育孩子而留職停薪，再回到職場工作，心裡會覺得「同爲女性，朋友應該站在我這一邊」，但事實是，**往往會對於女性比男性更嚴格而感到錯愕**。

其實，這種生活型態的差異不是女性特有。男性當中，也有正在養育孩子的人以及單身的人。然而，很少聽到這兩者以近似指責的眼光看待彼此。

當然，造成煩惱的主因，是養育孩子仍大多是由女性負責這個現實。正在養育孩子的男性是否和正在養育孩子的女性一樣，爲了兼顧工作與養育孩子而辛苦不堪呢？我想，還是有差異。家中有幼兒的女性要去喝酒聚餐非常不容易，但是在男性的情況下，只要說「這是應酬，沒辦法」，門檻大多會降低。

這種背景確實存在，回顧案例中的C女，她在職場工作並不會增加身爲家庭主婦的朋友養育孩子的難度，因此並不是**「對方的生活型態會使自己在現實上吃虧」這種問題，而是基於更精神性的因素**。

爲何女性對於選擇和自己不同生活型態的女性，經常抱持負面情感呢？

那是因為不管選擇哪一種生活型態，都會「失去重要的事物」。舉例來說，即使上班族男性有孩子，一般而言，並不會連「上班族」這個自我認同和將來的職場願景都喪失。然而，對女性而言，即使眞的想活躍於職場，也想養育孩子，就現今的社會架構和人們的主觀意識來說，魚與熊掌兼得十分困難。此外，也存在「因爲是母親，所以想待在孩子的身邊」這種心情，以及「孩子還小的時候，母親該親自養育孩子」這種價值觀。因此，**女性不得不放棄想望，對於「擁有自己沒有的事物的女性」感到嫉妒**。

這種**嫉妒可從案例中的「主張正當性」**中發現。從「孩子很可憐」、「三歲之前，陪在孩子身邊比較好」這種具有正當性的話語中可以得知，「我覺得孩子很可憐，所以其實想繼續工作，但是作罷」、「其實一整天和孩子在一起，會感到封閉和壓力，但是聽說三歲之前，陪在孩子身邊比較好，所以忍耐」，才是眞心話。

如果C女的朋友能夠說出眞心話，或許就能得到稱讚「你爲了孩子著想，眞偉大。我實在做不到」，或者慰勞她「一直和孩子在一起，確實很辛苦。可是你很努力」。可是，假如說「孩子很可憐」、「三歲之前，陪在孩子身邊比較好」，就會變成只是在指責，無法考慮到彼此的立場。

話說回來，女性的人生有百百種，但是能完全不受外界影響決定自己未來的女性，少之又少。許多人因爲「三歲之前，母親陪在孩子身邊比較好」這種「世俗說法」（不要交給托兒所，陪在孩子身邊比較好這種「三歲小孩神話」，在學術上毫無根據，已遭到了否定）以及四周的壓力，被迫採取非自願的生活方式。

或者也有女性由於自身經驗，孩提時代母親忙於工作而感到寂寞，決定自己一定要成爲專職家庭主婦。但實際上，大部分問題並不是來自母親在工作這個事實，而是母親面對孩子的態度。許多大人由於「反正自己在工作，無法充分陪伴孩子」這種罪惡感，以及難以兼顧工作和養育孩子所產生的迫切感，採取了背對孩子的態度，因此使孩子感到寂寞，是許多案例中的本質。即使時間短暫，設定「專門陪伴孩子的時間」，大多能夠解決問題。

因此，其實應該先思考對自己來說，和孩子相處時最舒服的方式是什麼，配合它選擇生活型態即可。因此，認爲「如果不和孩子朝夕相處，就無法妥善地和孩子互動」、「自己不擅長同時處理好幾個課題」、「有許多事情想和孩子一起做」的人，可以選擇專職家庭主婦這條路，而認爲「去工作，比較能妥善地和孩子互動」、「總是和孩子在一起的話，可能會因爲壓力而虐待孩子」的人，去工作即可。人可以有各自的理想狀態。

「對於自己而言，和孩子相處時最舒服的方式」中，也包含了經濟因素。我想，就算一面心想「這個月的生活費該怎麼辦……」，一面和孩子在一起，也絕對說不上是舒服。因此，綜合性地判斷事情，決定自己的生活型態即可。有時候說不定是「被迫」的，但如果心中想著「假如想從現有條件中，找出養育孩子的最佳方式的話，就是這種生活型態吧」，應該就是適合的「決定」。

沒有哪一種生活型態是「正解」。對於某個人而言，或許專職家庭主婦看起來是「正解」，也有人不是如此。然而，那是**當下認為的「正解」，而不是永遠的**。若選擇當專職家庭主婦，將一切賭在「丈夫會一直當個好老公」上，結婚生活一直一帆風順地過下去自然是好，但一旦發生離婚、家暴、丈夫外遇等情節，人生計畫就會完全走調。那麼，如果選擇繼續工作，就萬事ＯＫ了嗎？那也是一條兼顧工作和家庭的坎坷路，抱著兩者都做不到一百分的缺憾感，拚命地過著走鋼索般的日子，相較之下，應該會羨慕優雅地享受平淡生活的專職家庭主婦。

對「看起來令人羨慕」的事物，以「主張正當性」為盾牌，在話語中加上一點刁難，這種從「女性」身上看到的現象，這正是沒有被療癒的「女性」內心幹的好事。其實，她們各自都擁有比對方「多的事物」，但卻只會**注意到「對方擁有，但自己沒有的事物」**。

STEP 1

不被捲入

若接受對方的主張，就變成是否定自己的生活型態，而且也會覺得自己做錯了事。若被「孩子很可憐」這種罪惡感綑綁，可能連和孩子在一起時的品質也降低。

然而，如何養育孩子是各自的「領域」。適合哪種生活型態因人而異，也會依自己的個性、伴侶的類型，以及娘家提供協助的質量而定。因此，**沒有哪種生活型態是「正確」的**。

有的人若是在社會上沒有某種程度的地位，甚至有可能將累積的壓力轉而對孩子施加虐待。相對於一整天和父母親密地相處，但遭受虐待（包含放棄養育孩子）的孩子，我們能對忙於工作的父母說出「好可憐」、「陪在孩子身邊比較好」這種評價嗎？適合哪種生活型態，眞的是case by case。

無法區別那是誰的領域，是「女性」的特徵。因此，爲了避免被捲入這種現象，要先清楚認知對方說「好可憐」、「陪在孩子身邊比較好」，**不過是「擅自對你的領域做出評價」罷了**。也就是說，這和沒有陪伴孩子並無直接關係，只是「女性」觀點使然。

「因爲我最了解你」這種態度，也可說是一種「母親病」。

對方沒有嘗試去理解你的隱情，就擅自做出評價時，不必和對方爭執，只要弄清楚那只是「對方做出的評論」，就能防止對方侵犯自己的領域。也就是說，假如對方說「孩子好可憐」，只要回答「原來你這麼想啊？人各自有各自的想法」就行了。不必實際討論孩子是否可憐。

此外，**對方為何跨越領域，做出這種評價呢？那是因為對方置身於各種焦躁和猶豫中，試圖透過「指責」，試圖平衡其不安**。對方是在確認「我選擇的生活方式，沒問題吧」、「是你有錯吧」。**越愛指責他人的人，不安感越強**。

爲了讓這種人心安，我想，跟對方說「這麼努力的你，眞是個好母親」就行了。

STEP 2

明哲保身

對於工作和養育孩子兩者兼顧的C女，朋友感到羨慕和嫉妒的情況下，可能莫名其妙對C女產生不悅，因此需要思考明哲保身的方法。

那便是**尊重對方的生活方式，不對立**。如同在STEP 1「不被捲入」中提到**保護「自己的領域」一樣，同時尊重「對方的領域」**。要打從心底誇獎對方「假如是我，根本沒辦法一整天和孩子在一起，你眞是個好母親」，**避免引發對方的反感**。若是對方產生了反感，就可能創造出引爆各種奇怪問題的火種。

此外，若採取「我們家夫妻都必須工作，經濟上才不會有困難」這種說法，對方容易這麼解讀「你在嫉妒我」、「你在指責好命的我」，但是打從心底誇獎對方「你眞是個好母親」，是尊重對方這個人，也是試圖療癒「女性」的態度。

STEP 3

療癒「女性」

無論選擇哪種生活型態（或者被迫選擇），就養育孩子這一點而言，女性都站在相同的立場，都有著「爲了孩子們而擔憂地球環境，想盡力爲孩子們打造美好未來」的共同心情。

不要將話題鎖定在「專職家庭主婦和職業婦女哪一種生涯比較好」這種小

事，而是放在更大的事上，例如，能夠從孩子們身上學到的事、爲了孩子們的未來擔心的事等等，**如果談論更普遍性的話題，就容易產生共鳴。**

女性的人際關係比起「分論」，更應該趨向「總論」。各自擁有不同生活型態的女性討論「分論」，勢必只會注意到「差異」，區分「自己人或敵人」，但如果是「總論」，應該就能產生共鳴，團結在一起。也就是產生眞正的交情。要做到這一點，必須從小世界往大世界邁出一步。

如果停留在「被選擇的性別」，也就是被動的一方，只會讓自己用「女性」討人厭的那一面處世，但是如果把態度轉爲採取主動，例如「爲了孩子們能夠做什麼？」，就自然會被療癒，成爲堅強的人。這正是「爲母則強」。

CASE
3

想被重視的「女性」

D女的案例

如果我和其他人出去玩，E女就會吃味。

E女是跟我感情非常好的朋友，但是她非常討厭我和其他女性朋友來往。就算只是聊天，她也會明顯露出「爲什麼你和這種人感情這麼好？」這種表情。如果跟她說我的近況，她就會問「你也對別人說過這件事了嗎？」……E女對我而言，是感情最好的重要朋友，但是我還有許多交情比不上E女、但也值得來往的朋友……我該用何種距離跟她來往才好呢？

分析

被選擇、被重視

「女性」身爲「被選擇的性別」，在和他人的關係中，非常在意**自己是否被重視**。跟其他人出去玩，等於「她沒有被選擇爲玩伴」，而你跟她說近況，她也對於自己是否被選擇爲「你第一個想說的對象」很敏感。

STEP 1

不被捲入

不以「女性」的眼光看這個問題，**避免過度在意E女的臉色**。

E女可說是「女性」指數相當高的人，假如你今後也想將E女當作重要的朋友，和她來往，就必須和她的「女性」妥善相處。如果覺得自己十分重視E

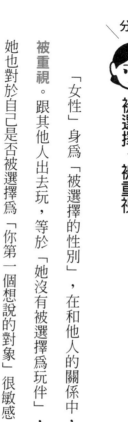

女，就要更加避免在意她的臉色。

爲了避免被捲入「女性」，**「忽視『女性』」**是一個有效的技巧。何謂忽視「女性」？就是表現得彷彿沒看見「『女性』模式」。舉例來說，即使和其他朋友聊天時，E女露出非常不悅的表情，**只要表現得像是沒看見她的表情即可**，而假如她問「你已經對其他人說過這件事了嗎？」，就極爲爽快地回答「嗯，我對○○說過了」即可。

「E女會在意嗎？」這種想法本身就已經是「女性」的眼光了，請避免這麼想。「女性」指數如此高的E女，她心中也許擁有一些旁人不了解的隱情，說不定她是在相當嚴格的否定下成長的人。可是，那是E女的領域。

D女能做的事很簡單。如果覺得自己十分重視E女，**就要認知到「即使E女對我的言行皺起眉頭，那也是E女自己該療癒的領域」**。

STEP 2

明哲保身

即使一方面想做自己，一方面想和E女和睦相處下去，E女還是強烈地覺得「我沒有被重視！」，說不定會轉變爲扯D女後腿，像是背後說壞話等等。如果情勢轉變成如此，我認爲可以重新思考，是否還是想把E女當作重要的朋友相處下去？但任誰都會想盡量避免落到這種地步，對吧？爲了避免變成如此，那麼該怎麼對待E女呢？請參閱STEP 3「療癒『女性』」。

不過，像E女這種「女性」指數極高的類型，除非置身於相當特殊的環境，否則和E女**保持適當的距離，應該比較能夠全面地保護自己的安全**。除了E女之外，去跟能平等對待彼此的親密朋友交往，妥善保持朋友關係的平衡比較好。這麼一來，當E女轉變成奇怪的狀態時，可以保護自己，避免陷入「無法和其他任何人親近」這種狀態。若是對E女唯命是從，太過鎖定以E女爲中心的朋友關係，可能演變成和E女一起從團體中被孤立，而D女也可能被誤解爲和E女是同類、是「女性」指數高的人

STEP 3

療癒「女性」

E女之所以善妒，來自於「被選擇的性別」、受了傷的「女性」模式。如果今後也想繼續維持和E女之間的友情，比方說，和其他朋友玩在一起時，可以試著問不悅的E女：「你爲什麼不高興呢？」由於E女的「女性」指數高，回覆的答案恐怕是對那個朋友的批判性意見，像是：「你爲什麼要跟那種人玩在一起呢？」

其實，E女心裡眞正想說的是：「你爲什麼沒有選擇我呢？」因此，即使

E女回覆批判性的意見，也不要直接回嘴，而是對她說：「你對我而言，是眞正重要的朋友。不管我跟誰玩在一起，這一點都不會改變。」、「你對我而言，是眞正重要的朋友。我雖然無法第一個向你報告，但是你很重要這一點不會改變。」

如果不斷找機會告訴她：「即使你沒有被選擇，也很有價值。」E女的「女性」就有可能慢慢地被療癒。

相對地，如果回覆：「爲什麼你要在意那種事呢？」、「〇〇也是好人唷。」抱持「你爲什麼不選擇我呢？」這種寂寞心情的E女會更加受傷，「女性」指數反而變得越來越高。

CASE 4

被人誇獎時，該如何回應才好？

女性之間經常互相稱讚對方。不時會被誇獎「你好可愛」、「你很受男人歡迎吧？」。這時通常不方便回覆「是啊」，儘管如此，強烈地否定說「一點也不」、「沒那回事」，或者說「你才是」，場面話地誇獎回去，沒說出眞心話，似乎也很虛假。那麼被女性誇獎時，到底該如何回應才正確呢？

分析

「女性」誇獎其他女性這件事

「女性」大多透過誇獎，來扮演「不嫉妒、認同對方的優點、個性好的人」。其中，也有人單純地因爲想表現出「自己是能夠誇獎別人的人」而稱讚對方，甚至有時候，他們對稱讚的對象幾乎不感興趣。

有時候，「女性」**透過誇獎來保護自己，同時會調查對方是個怎樣的人**。這跟以「主張正當性」的說辭去批判對方一樣，是站在非常安全的立場。置身於安全的地方，對可愛的女性說「可愛」，調查對方的傲慢程度，或者對不太可愛的女性說「可愛」，檢查對方的「自我感覺良好」程度。

STEP 1

不被捲入

此時，不要以「女性」的眼光看這整件事很重要。因爲若以「女性」的眼光看，就會只在意「這樣回答的話，對方會怎麼想呢？」。

不要以「女性」的眼光看，是指不要拿對方和自己比較。不要把自己交給

「可愛、不可愛」這種被動的評價軸線。被說「可愛」時，無論肯定或否定它，都會一直停留在這條軸線上。

我希望你把重點放在**「對方這麼對自己說」，該如何回應才是適當的溝通**。首先，可以向對方道謝：「你這麼說我，眞的很謝謝你。」接著，再說：「不管是不是眞的，我都很高興你這麼說。」明確地擺脫「可愛、不可愛」的軸線。即使對方進一步說：「你眞的很可愛嘛。」再回應：「謝謝你這樣說我。」就可結束對話了。

STEP 2

明哲保身

這個案例中令人擔心的事，是對方在背地裡說「那個人誤以爲自己很可愛」、「我勉強自己誇獎她，她卻理所當然地接受了」、「其實明明就覺得自己很可愛，但是過度謙虛，太做作了」等等。不管哪一句，都還是處於「可愛、不可愛」的軸線上。

因此，如果貫徹STEP 1的方法，相當程度地就能保護自己。若要進一步保護自己，可以在說了「眞的很謝謝你這樣說我」之後，打從心底誇獎對方「○○，你人眞好」。無論對方有任何企圖，自己得到了稱讚是事實，因此，表示感謝，說對方「人眞好」是很自然的事。

也就是說，如果把這整件事轉變成**「誇獎別人的她，人真好」，而不是「自己到底可愛、不可愛」**，就能夠相當程度地保護自己。

STEP 3

療癒「女性」

前面曾提過，如果被當作一個獨立人格來尊重，「女性」就會被療癒。如

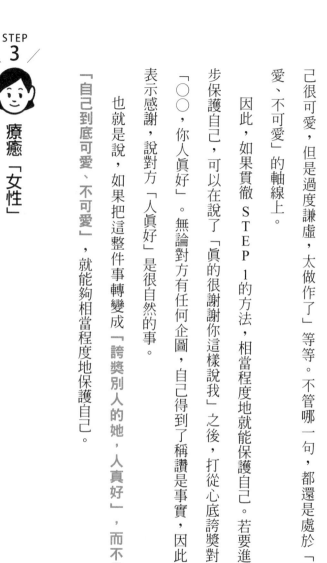

果將自己置身於「可愛、不可愛」的評價對象之外，將主體變成**對於對方說的話，打從心底道謝，使對方感受到溫暖的關係**，「女性」就會一下子被療癒。不是成爲別人稱讚你「可愛」才覺得自己有價值，這種軟弱的人。而是成爲能夠以彼此溫暖的內心產生連結，那種堅強的人。

CASE
5

好友要結婚，一點都高興不起來

和我感情要好的朋友確定了婚事，但是我無法坦然地替她高興。從學生時代就開始了交情，畢業後也從事同一種行業，是經常見面的重要朋友。朋友的結婚對象任職於大企業，人長得帥，是個無可挑剔的人。當然，我說「恭喜你」，祝福了對方，但是總覺得她去了另一個世界，或者應該這麼說，我把她丟進了心裡某個角落，自己無法打從心底高興起來。明明是重要的朋友，心情眞複雜。

分析

「相同感」瓦解時

身為「被選擇的性別」，「互相競爭」的「女性」對於另一位女性找到了「無可挑剔的結婚對象」，當然會變得敏感。在那之前，兩者的條件差不多，「相同感」強烈。然而，其中一位被「無可挑剔」的男性選擇了，但是自己卻沒有，在這種狀況下，沒被選擇的那一位會覺得自己被拋下了。這種感覺的強烈表現方式，會是「我們明明是同一陣線，她卻背叛我了」、「她好賊」這種性質。

那位確定了婚事的女性，與朋友談論的話題基本上只會繞著未婚夫和婚禮打轉，這也會使不舒服的感覺變本加厲，**心情當然變得更複雜**。

STEP 1

不被捲入

「確定了婚事」這個消息原本就令人震驚。人（因人而異）**一旦受到負面衝擊，就會受傷，採取「不想再受傷」這種態度**。大多會表現出「警戒心」與「沒自信」。

舉例來說，若是心想「我們明明是朋友，你卻不太找我商量」，對朋友萌生不信任感，就會產生「其他人是不是也正走向婚姻之路了呢」這種猜忌。此外，由於自己還沒結婚，受到好友即將結婚的衝擊，勢必會特別關注「結婚」這件事。經常會強烈地懷疑「自己能夠結婚嗎？」、「這樣的自己一定沒辦法」等等，「沒自信」的想法一個個浮現。

首先，**你要將自己的反應定位為「這是受到衝擊時，理所當然的反應」**。

如果受到衝擊，任何人身上都會發生這種反應，所以不必被這個反應牽著走，而讓自己產生警戒心與喪失自信。

STEP 2

明哲保身

今後，與朋友交談的話題中，未婚夫和婚禮的話題所占的比例應該會越來越多，彼此之間的關係也會逐漸改變。自己的內心也會因爲這些話題而受到衝擊。這種時候，**如果一面確認「噢，原來是因為受到衝擊，心情才會變成這樣」，一面進展話題，自己就不會過度受傷**。

如果和朋友繼續來往，眞的覺得自己可能會瘋掉，**暫時保持距離也是一種方法**。尤其對於相當在意是否結婚的人來說，朋友找到了「無可挑剔的結婚對象」或許能帶給自己一些有用的資訊，但卻無法療癒內心。

STEP 3

療癒「女性」

「被這種無可挑剔的男性選中」的朋友，她的心裡也許正抱持著不安。這是指不管現在再怎麼幸福、再怎麼強烈地被愛，並不知道漫長的婚姻生活未來會變成如何。說不定丈夫會外遇、生病等等……發生意想不到的事，導致家庭瓦解。因此，「被選中了」不過是婚姻生活的開始，未必會保障一生幸福。這時，若你能溫暖地對朋友說：「你是重要的朋友，如果有無法對任何人說的事，要找我商量唷。」以此確認自己的立場也不錯。**若是採取平等且體貼的態度，而不是「女性」之間相互競爭的態勢**，自己內心的「女性」就不會躁動，而對方內心的「女性」也會逐漸被你的溫暖療癒。

CHAPTER 3

如何和想製造「敵人」或「自己人」的女性相處？

CASE
6

夾在不對盤的上司之間的派系鬥爭

A女的案例

公司的女性上司B女和C女彼此對立。除了她們之外，我還有一位直屬的男性上司，但是我不能無視B女和C女。最令我頭痛的是B女會邀我去喝茶或吃午餐，如果我去的話，總覺得連我也會被C女敵視。儘管如此，一直拒絕B女也很痛苦。

分析

「敵人的自己人也是敵人」理論

內心受傷的「女性」，對於對方是「敵人」或是「自己人」很敏感。

就這個案例而言，B女和C女互爲「敵人」。A女受到B女邀約去喝茶或吃午餐，從C女的角度來看，A女等於是「屈從於敵人B女」，所以A女也會一起被當作「敵人」對待，這種推測應該十之八九不會錯，因爲「敵人的自己人也是敵人」。

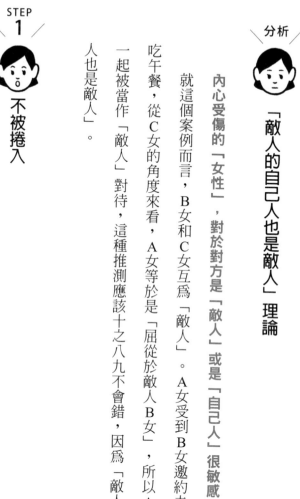

STEP 1

不被捲入

爲了避免被捲入「你站在誰那一邊」這種立場，盡量避免做出會引發誤解的行動。如果接受其中一方的邀約，遭受誤解的可能性當然會提高。此外，即使接受邀約，其中一方只會對你說另一方的壞話，或者採取「你會跟隨我吧」這種說話方式，令人一點也愉快不起來。

因此，第一步是在**物理上「拒絕邀約」，然後精神上「不認為拒絕對方很痛苦」**。

整體而言，拒絕「女性」時，必須特別注意，因爲「女性」對於「遭到否定」極度敏感。即使你沒有否定對方的意思，如果對方認爲「自己遭到了否定」，你就可能會被當作「敵人」，成爲情緒性攻擊的對象。因此，必須一面感謝對方邀請你，這麼說「你邀請我，我眞的很高興」，一面強烈地表現出「我眞的有事，所以不能去」這種語氣。

「拒絕邀約」這種行為所產生的壓力強弱，也會依照用哪種態度進行而有所不同。之所以覺得拒絕對方很痛苦，說不定是因爲擔心「如果拒絕，說不定對方會覺得我『難相處』」。

然而，被對方認為你「難相處」，反而會帶給你自由。如果變成「難相處的人」，受到令人覺得麻煩的邀約次數應該會隨之減少。既然變成了「難相處的人」，就可以偷偷地只跟自己真的想交朋友的人來往，這種做法也挺好的。

話說回來，過度在意「別人怎麼看待自己」，終究是「女性」的心情。此外，「爽快答應對方的要求」也是「女性」期待的做法。因此，**對於被對方覺得自己「難相處」而感到排斥的人，應該也具有相當程度的「女性」**。

為了避免自己變成「女性」，**必須從「該怎麼做才會被人喜歡」轉變為「自己想怎麼做」**，這在第50頁曾經說明。因此，你可以這麼想「要在這個職場工作下去的話，我想做自己『想做的事』」。職場是工作的地方，基本上，即使沒有私人的交情，也完全沒有問題。當然，就算是參加公司的尾牙等活動，這種私人交際應該也和工作沒有直接關係。但若是刻意公開說「我的原則是不和職場中的人有私人往來」，反而會刺激其他「女性」指數高的人，不建議你這麼做，但如果在心中決定「我要在職場中，當個『難相處』的人」，不帶情緒地拒絕邀約，應該就不會受到太大的壓力。

STEP 2

明哲保身

透過避免引發誤解的言行，也就是貫徹STEP 1，應該就能夠做到某種程度的明哲保身。這不只是「不接受邀約」，而是有著完全不針對B女或C女發表意見的含意在內，也不針對B女和C女的對立，在背後說壞話。**表現得彷彿看不見「B女和C女的對立」**，是安全的做法，這便是曾在80頁介紹過的「忽視『女性』」的技巧。

接著，要從平常就和**B女、C女之外的職場同事，與他們之間建立信賴關**

係。與直屬男性上司之間建立良好關係，當你眞的被捲入困擾的情況時，確保能夠有商量的對象，應該較能心安。

STEP 3

療癒「女性」

如果對象只有一位，就能直接療癒對方，但是這種兩人對立的情況下，若對其中一方採取溫和的態度，都有可能被誤解。

這種情形下，展現自己是個與眾不同的人，便有可能療癒「女性」。明確地說，就是以**非「女性」的女性自居，持續待在職場**。舉例來說，如同先前所說明，表現得像是沒有看到B女和C女的對立就好。此外，工作中分別接觸到B女和C女時，最好將對方當作一個獨立人格而尊重。過著「誰會被選擇呢？」、「誰是自己人、誰是敵人呢？」這種對立生活的兩人，透過眞誠地對待，能讓兩者都稍微喘口氣。

藉由這麼做，讓對方漸漸地看待你爲**「對於職場的人際關係不太感興趣、不太『女性』、平等對待所有人的人」**。結果，無論從B女或C女的角度來看，你都會變成「能夠信賴的人」，實質上逐漸療癒她們兩個人。

CASE 7

說不在場的人的「說壞話大會」

D女的案例

跟孩子唸的幼稚園裡的其他母親聚在一起時，有些人會說不在場的母親壞話，並且以此爲樂，我對於這種人感到焦躁。說壞話的那些人會嘲笑不在場母親的服裝和奇怪的習慣等等。一想到自己可能也會是被嘲笑的對象，就快要變得不相信人了。

分析

在背後說壞話的意思

在背後說壞話也是「女性」的特徵之一。身爲「被選擇的性別」，事先清楚地**區別「敵人」和「自己人」**是其主要手段，但在第5章中會提到，**為了建立「徒具形式的關係」，在背後說壞話也會發揮作用**。一起開「說壞話大會」的人之間，具有「徒具形式的關係」。

此外，在背後說壞話，當事人當然無法當場反駁。基本上，內心受傷「女性」絕不擅長直接攻擊，她們置身於安全的立場，批判「敵人」。

STEP 1

不被捲入

會聽他人在背後說壞話，這種人難以被人信賴。此外，若你參與「說壞話大會」，身邊就只會聚集「在背後說壞話的人」，人生品質會大幅降低。

爲了避免被捲入，還是要**將背後說壞話當作單純的「『女性』模式」看待**。而自己要避免變成「女性」，首先，自己不要參與。若是成爲說壞話世界的居民，因爲不知道那些壞話會怎麼傳、傳到哪裡，也會擔心自己可能也成爲被說壞話的對象，總是無法自由行動。

此外，將背後說壞話當作單純的「『女性』模式」看待，就**不認為背後說壞話有任何意義**。那只是受傷的人們在「安全」的地方，自以爲主張正當地訴說各自的傷痕而已。因此，也不必做出「卑鄙」等評價，爲此感到焦躁。

假使自己是被說壞話的對象，也不要認爲那是針對自己的事，那只是反映了「女性」們內心的傷痕而已。認爲那種背後的壞話有意義，也就是認同**「別人在說自己」**，**讓自己被捲入**。事實上，光是覺得「快要變得不相信人」，精神上就已經被捲入了，若是在意那些話，而且心想「如果不和她們在一起，就會被她們在背後說壞話」，就無法擺脫那群人，連行動和時間都受到控制。

STEP 2

明哲保身

透過STEP 1「不聽別人在背後說壞話、不認爲背後說壞話有意義」，應該能夠做到相當程度的明哲保身。

爲了進一步保護自己，**避免和參與說壞話大會的人變得太親密，變得親切待人**很有用，你會成爲「刺激最小的人」。

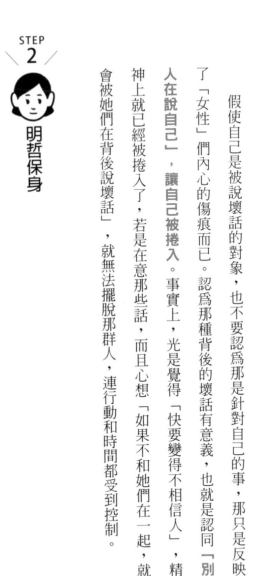

若是和她們變得太過親密，更容易引發情緒性的反應，被說壞話的風險會提高。

在此同時，對方如果覺得你根本是瞧不起她，也會成爲在背後說壞話的對象，因此，最好保持距離，而且採取親切待人這種態度。如果能夠**變成「刺激小的人」，也就是簡直如空氣般令人不放在心上的人**，應該就會相當程度地降低風險。

其他人如果感覺到你「不願聽別人在背後說壞話」、平等待人的個性，你就不容易被捲入說壞話的連鎖效應。只要專注在置身於「女性」之外即可。

STEP 3

療癒「女性」

在背後說人壞話是內心受傷的人做的事。如果想要療癒這種「女性」，說出「不要在背後說人壞話吧」這種批判性的話，就會搞錯方向。

例如，聽到有人在背後說〇〇的壞話時，不要聽那些「針對〇〇的話」，而是去**傾聽「受傷的人的傷痛」**。如果要出聲應和，就僅止於「很不好受吧」、「原來有這種事啊」這種程度，**不要提到任何有關〇〇的事，只出聲安慰說壞話的人**比較安全。

像這樣把壞話當作說話者的「傷痛」聽，認爲都是「〇〇害的」說話者，內心也往往會漸漸被療癒。這是因爲傾聽說話者的「傷痛」時，聽話者的注意力不是在〇〇身上，而是集中在說話者本人身上。當有人願意認眞聽自己說話時，是一種療癒人心、令人開心的體驗。

CASE
8

指摘疏失，就被對方到處說壞話

E女的案例

由於指摘同事的疏失，我從未說過的話、從未做過的事，就被到處散布，對此我好困擾。連職場的其他同事（包含上司），也相信她說的話，我真的好不甘心！

分析

指摘疏失要注意

指摘「女性」的疏失，甚至會致命。「女性」是指沒有被療癒的內心，所以指摘疏失具有遠超過單純指摘疏失的意義，對方甚至會認爲那是否定人格。而指摘自己的人，當然是明確的「敵人」。「敵人」一產生，就會情緒性地將身邊的人鞏固爲「自己人」，像這位同事散布負面的言論，是十分常見的情況。

這種情況能避則避。除非基於職責，必須站在指出疏失的立場，否則最好不要指摘具有「女性」特徵的人。如果無論如何都必須要做，不要以「指摘疏失」這種形式，而是**下一番工夫，以不發出「敵人」氣味的方法比較安全**，例如傳達「爲了做得更完美的請求」、「小提案」等方法。

STEP 1

不被捲入

無論如何，最好避免讓「女性」丟臉，可是已經那麼做了，就必須做好遭受某種程度反擊的心理準備，而且事實上你已經被捲入了。被分類爲「敵人」，無法阻止對方到處說壞話，而且若是試圖阻止，自己就會成爲和同事對立的人，本身也會變成「女性」，要避免這種情況。

因此，我雖然能夠理解「好不甘心」這種心情，但是必須**做好心理準備，認為那是無可奈何的事，不放在心上**。觸及了對方的弱點，對方會產生一定的反擊。受到這種對待當然不公平，但這也是常見的「『女性』模式」。同事只是採取了「女性」常有的行動而已，不要過度解讀這件事的意義。

STEP 2

明哲保身

不慎傷害了「女性」，思考著如何保護自己時，主要對象不是到處說壞話的同事，而是職場中的其他人。如果能夠重拾他們的信賴，就能將損傷降到最低。事實上，「到處說壞話」這種行爲本身，並不值得信賴，因此，**為值得信賴的人工作，遠比試著反駁那位到處說壞話的同事**，來得更重要。

不要被同事的言行影響，而是淡然、真誠地工作。

假如你有值得信賴的人（如果可以，最好是上司），要請對方撥出時間，試著眞誠地和對方訴說。此時，必須注意自己不要變成「女性」，不情緒性、不說同事的壞話、也不指責同事，只要單純地訴說「發生了什麼事」——發現了她的何種缺失，以何種用語指摘之後，收到了她這樣說自己的資訊之後，困擾不已。試著只在這個範圍內訴說。**完全不包含情緒性的解釋，就像是播放錄下對話的影片，只是再一次重現。**「到處說壞話」這種表達方式很情緒性，最好不要使用。只要據實地訴說自己聽到了什麼就好。

能夠採取這種**客觀而公平的說話方式**的人，「女性」指數極低，所以對方應該肯聽你說。

否則，可能只會被對方當作「『女性』之間的爭吵」這種層次看待。

STEP 3

療癒「女性」

如果貫徹STEP 2「淡然、真誠地工作」，就有可能讓這位同事意識到「E女說不定不是自己的敵人」。當然，那應該會逐漸療癒她的「女性」。

在「女性」的世界中，對自己採取否定言行的人，無論如何就是自己的「敵人」，如果E女**持續採取不像「敵人」的行動，「女性」就會期待落空**。

當然，我懂E女覺得同事做的事極不公平、「不合理」的心情。然而，如果當作單純的「『女性』模式」看待，其實**只是「女性」面對無法忍受的事（被別人指摘自己的疏失），發出尖叫**，不過如此而已。因此，和過去一樣淡然地和對方維持工作關係，而且和過去一樣親切地對待即可。

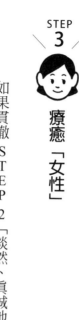

只要這麼做，那位同事應該會了解你雖然看起來是自己的「敵人」，但其實是個表裡如一的人。說不定反而會生出「她只是希望我改掉缺失而已，並不是否定我這個人」這種觀點。如果能夠如此認知，她的「女性」應該會獲得相當程度的療癒。

CHAPTER 4

同為母親、公司宿舍的女性鄰居……如何和做著「社會性工作」的女性相處？

透過本章，我們要觀察丈夫外派地點的婦女會（非加入不可的團體），以及同爲母親的朋友等等，由於家人而避免不了的女性之間的人際關係。

以上所述的女性人際關係中，有著獨特的特徵。丈夫與其他男性同事之間的權力關係，有時候會以奇怪的形式，反映在妻子之間的關係中，特別是同爲母親時，有時候也會擔心自己的行爲不夠妥當，而對孩子造成困擾。

此外，這些關係也具有**公私難分這種特徵**。因此，其中若是有「女性」指數高的人，就會變得相當棘手，會遭遇到「女性」毫不遮掩的討人厭那一面。

首先，要在自己心中，定位這些女性之間的人際關係。

公司宿舍的女性鄰居以及同為母親的朋友，乍看之下是私人的關係，但如果認為是「為了家人而不得不接受」的關係，其性質也可說是「社會性工作」。「同爲母親的朋友」，也可稱爲「朋友」，但實際上，只是彼此的孩子碰巧唸同一間幼稚園，並不是自己的朋友。因此，最好不要將對方視爲朋友，而是採取「職場中的人」這種看法。

首先，先將這些人際關係定位爲「公務關係」、「社會性工作」，思緒就會整理清楚。

然後，注意到要降低自己的「女性」指數。此外，避免「女性」極度害怕的「否定」，對於「女性」非常在意的「自己是否受到重視」提出確切的訊息，應該就能安然地處理大部分的「女性」關係。

舉例來說，假如公司宿舍裡有人老愛管別人閒事，只要一面傳達自己重視對方這個人，一面守護自己的領域即可。雞婆的人喜歡別人說她「機靈」、「細心」，所以一面道謝地說「○○太太，你眞機靈，眞是太厲害了。該怎麼做才能那麼面面俱到呢？眞是感謝你平常的用心」，一面拒絕地說「很遺憾，這次的事因爲時間不湊巧……」就可以了。如果對方會造訪自己的家，有時候也必須假裝不在家。請不要把這種事情當作是以自我爲中心思考，認爲自己

「撒了謊」，而是當作以對方爲中心思考，是**「為了不否定對方」。重點在於「傳達對方是重要的人」，以及「不否定」**。

至於同爲母親的朋友又是何種情況呢？

CASE
9

為了孩子，必須與合不來的太太和睦相處

A女的案例

彼此的孩子唸同一間幼稚園的太太，頻繁地約我一起吃午餐或喝茶。我原本覺得偶爾爲之還好，但是最近幾乎每天送女兒去幼稚園之後，還要陪她喝茶，實在很累。拒絕她的話，我擔心孩子會不會被其他小朋友排擠，即使不會那麼嚴重，拒絕了她，是否會有情報因此而不告訴我呢。

分析

「社會性工作」的價值

價值的判斷因人而異，但幾乎每天和同爲母親的朋友喝茶，就生活的比例而言，實在不好。不過，由於這是伴隨母親這個角色而來的「社會性工作」，可以換個角度想，**乾脆設定特定的期間，和對方來往**。不過，屆時最好**先驗證那個工作是否真的值得投入那麼多時間**。「擔心對方有情報不告訴自己」，和同爲母親的朋友喝茶，應該能夠獲得有價值的情報，因此將它視爲「社會性工作」，就是具有某種程度的價值。

儘管如此，如果覺得每天太頻繁，制定對方邀約幾次就拒絕一次的週期即可。屆時，也必須好好意識到對方的「女性」。重點在於「傳達對方是重要的人」、「不否定」。舉例來說，如果以「你邀我，我眞的很開心，但是今天因爲○○，實在不行，改天再邀我唷」這種方式拒絕，應該就會安然無事。

此外，也必須考量拒絕理由「○○」的周全性。幾乎每天邀約喝茶的太太，生活中是否空閒時間太多，過得不太充實呢？因此，作爲拒絕理由的「○○」，不要用學才藝或參加派對等等充實人生的理由比較安全，否則，會激刺「女性」的「比較心」。而用像是「因爲我婆婆今天要來」或「社區值班」等等，**採用義務性色彩強烈、感覺無聊的理由比較安全**。

「女性」是受傷的內心，即使採取高高在上的態度，基本上內心都抱著不安。拒絕一次之後，下次要特別說「謝謝你邀我，上次沒辦法一起喝茶，眞遺憾」，**開心地向對方道謝**，如此一來，應該會感受到自己並沒有被對方討厭，而感到心安。

CASE 10

被排擠在同為母親的小圈圈之外

B女的案例

同爲母親的朋友當中，帶頭的C女會企畫午餐或喝茶聚會，邀約大家。大多是十人左右的聚會，但是最近，我發現其中感情特別好的六個人另有聚會。

我不是會炒熱氣氛的人，在人多的聚會中，我只會出聲應和，我猜C女不想讓我加入她們，被排擠令我感到悲傷，心情低落。

分析

公領域和私領域

如果將同爲母親的朋友視爲「社會性工作」，就能輕易解決。

若以「女性」的眼光看這個狀況，就會認爲「自己沒有被選擇」而受傷。然而，十人左右的聚會是作爲母親的公務「社會性工作」。而感情特別好的六人的聚會，應該是屬於私人「朋友」。

這不是自己被排擠，而是那六個人碰巧合得來。

如果原本就對不會炒熱氣氛的自己感到自卑，就會認爲「自己沒有被選擇」，正中「女性」的傷口，但是**同為母親的朋友當中，沒有那麼親密的人絕不稀奇。不必認為自己「被排擠」而感到悲傷或心情低落**。

如果能夠善盡「社會性工作」，像是在十人的聚會中收集情報，然後從中找到跟自己合得來的人，和她交朋友即可。

CHAPTER

5

如何和尋求「徒具形式的關係」的「女性」相處？

CASE 11

擔心身邊的人認為自己是個「沒有朋友」、「寂寞的人」

A女的案例

在工作的職場中，也有像學生時代一樣感情好的小圈圈。大夥會一起去吃午餐，或者一個月舉辦一次姐妹聚餐。雖然我覺得「又不是學生」了，但是擔心會被認爲是個「寂寞的人」，所以總是無法拒絕邀約。

分析

一個人＝沒有被選擇？

男性一個人行動，一般來說不會被視爲問題，但是相對地，女性喜歡成群結隊，若是一個人，往往會擔心「自己是否看起來沒有朋友」。這或許是始於學生時代的「一起去上廁所」等行爲。

「女性」身爲「被選擇的性別」，**獨自一人等於「沒有被任何人選擇」**，彷彿變成了被排擠者。

在此，也有一個療癒「女性」的重點。

STEP 1

不被捲入

「不被捲入」的方法有兩種。一種是物理性地不被捲入，另一種是精神性地不被捲入。

物理性地不被捲入，是指不集體行動。如果還是國中女生也就罷了，但請仔細思考看看，已經成爲社會人的自己是否還想團體行動。試著綜合性地思考成群結隊的束縛感、無力感等等，**不要身為「女性」成群結隊，而是身為有自主想法的女人，泰然自若地活下去，也是一個十分有可能的選項**，而我認爲，擁有自主想法，可說是已成爲大人。

認爲「若是一個人，就會被認爲是『寂寞的人』」的當下，就可說是精神性地被捲入「女性」，療癒自己的「女性」的課題隨之出現。「女性」會將一個人定義爲「沒被任何人選擇的寂寞的人」，但實際上，**一個人沒有任何問題**。能夠和自己獨處的人，是有自信的人。當你獨自一人時，才有最大的自由。請好好思考人生，爲了何種目的、要犧牲何種程度的自由。

想要精神性地不被捲入，**可以試著從「不時缺席午餐或姐妹聚餐」開始**。一點一點地確認自己保有自由。如果是連偶爾缺席都不允許的「成群結隊方式」，我想，成熟的女人要在其中保有自我是不可能的。

STEP 2

明哲保身

如果選擇「不成群結隊」，其中存在的風險，是因爲「拒絕」這個行爲而傷害對方，引發了不必要的反感。畢竟，「女性」極度害怕遭人否定，可能會額外產生莫大的負面情緒。

其實，有一種**自己不變成「女性」，也不會被「女性」討厭的巧妙生活方式**。

那就是**「變成有點與眾不同的人」**。

舉例來說，國中女生幾乎人人是無差別性地活著。「和別人一樣」甚至可說是自我認同。然而，成爲大人是擁有各自的特色。也就是說，所有人都「變成有點與眾不同的人」。

但實際上，不少「女性」永遠擺脫不了國中女生等級，尋求「徒具形式的關係」。

要從中獨立，要先主動變成大人。也就是趕緊「變成有點與眾不同的人」。重點**不是變成「寂寞的人」，而是變成「與眾不同的人」**。清楚知道對於自己而言，什麼是泰然自若，並且能夠那樣生活。這可說是與「女性」極端相左。

變成「有點與眾不同的人」很簡單。如果被人邀約，可以說「你知道，我不擅長那種事」、「你知道，我這個人怪怪的」、「你知道，我不擅長察顏觀色」，極爲客氣地拒絕即可。**如果凸顯「因為自己怪怪的」這種氛圍**，而不是「拒絕對方」，**就能大幅降低讓對方感到不悅的風險**。「女性」最討厭遭人否定，如果不是遭人否定，而是對方與眾不同，「女性」就會覺得那是沒辦法的事，欣然接受。

當然，**這麼做有被「女性」在背後說成「怪胎」的風險，但如果試著思考實際損害是什麼，其實沒什麼損害**。如果察覺到「不想被人當成怪胎」、「想被所有人喜歡」這種心情，正是「女性」的心情，連「怪胎」這種話都能接受，就會降低「女性」指數，成爲美好的成熟女人。

STEP 3

療癒「女性」

如果能夠做到STEP 1、2，這些行爲本身也會療癒其他「女性」。只要創造「一個人的女性很帥氣」這種風氣即可。一個人也很自在的女性，作爲疲於「成群結隊」的人的依循指標，會對療癒其他「女性」有所貢獻。

在此同時，**不要瞧不起想要成群結隊的「女性」也很重要**。爲了療癒「女性」，重要的是不要看輕「女性」，以及自己不要變成「女性」。不妨這麼做，**和「群體」中的每一個人建立關係。因為和不成群結隊的帥氣女性建立一對一關係，非常療癒人心**，其他人也會開始覺得「差不多想放棄成群結隊了」。

CASE
12

在新職場打不進女性的小圈圈

B女的案例

最近換了工作，想要在新職場交朋友。可是，新職場中既有的女性小圈圈，我不得其門而入。會有人個別教我不懂的事，但是當所有人聚在一起時，我還是覺得唯獨自己是外人。想加入既有的小圈圈，和大家變成好朋友，到底該怎麼做才好呢？

分析

不要急著針對關係下結論

B女明明才剛換工作，卻已經做出了「打不進小圈圈」這個結論。

人與人爲了互相了解，對彼此感到放心，需要某種程度的時間和過程。目前還被當作「剛來的人」看待，就現實看來，覺得只有自己是外人也是沒辦法的事。

「想要加入既有的小圈圈，和大家變成好朋友」這種想法，以及在短時間內馬上做出「打不進小圈圈」這種結論，都可說是「女性」的特徵。

實際上，**如果降低「女性」指數，在原地持續努力，往往一定能夠形成自己的容身之處**。當情況不如預期時，可以參考前一個案例CASE 11，思考「自己是否眞的想待在這個小圈圈內」。

CASE 13

不擅長聽他人訴說煩惱或牢騷

C女的案例

經常有人找我商量、訴說煩惱或牢騷。我會爲了對方著想，拚命傾聽，給予建議，但是對方會反駁說「你不懂」或「不是那樣」。我心想：既然這樣，不要找我商量不就好了。

此外，對方也會問我是否有類似的煩惱或牢騷，就像是強迫我訴說煩惱……如果沒有分享煩惱，就不能當朋友了嗎？

給予建議要注意

這不僅限於「女性」，而是適用於所有人際關係，聽他人訴說煩惱，即使**給予建議，大多數情況下，往往還是進展得不順利**。

一般而言，說「我有煩惱想找你討論」，比起心想「希望你替我解決問題」而訴說的人，**「希望你聽我說」、「希望你了解我的心情」而訴說**的人應該更多。

因此，若是給予建議，對方就會覺得「你沒有認眞聽我說」、「你不了解我的心情。」

此外，給予的建議中經常包含否定對方的語氣，像是「不要煩惱那種事，這樣做比較好吧？」，經常主動引發對方反彈，常見的反應是「那種事我早就知道了」、「能夠那麼做的話，我老早就那麼做了」、「你不太清楚狀況，才能說得那麼輕鬆」。因此，C女拚命地給予建議之後遭到反駁，只能說是好心沒好報。

其實，許多人光是對方肯聽自己說就滿意了。因爲**光是說出自己的煩惱，對方完全地接受，就能釐清心情，找到前進的力量**。必須請對方幫忙解決問題的情況反而較少。

和「女性」無關，不論是女性或男性，聽了他人的煩惱，隨便給予建議，是侵犯對方的領域，必須注意。

然而，若是針對「女性」來談，就會引發進一步的問題。

分析

與煩惱諮詢相關的心情轉變

如同C女所說，「女性」具有透過坦誠煩惱，建立關係這一面。**試圖透過坦誠煩惱，建立關係這個現象**，正是爲了建立「徒具形式的關係」，爲了弄清

「敵人」和「自己人」，也由於是「被選擇的性別」爲了心安而產生。

對於「愛演」的敏感女性（而且實際上，「愛演戲」的女性很多），**若感受不到對方在向自己坦誠真心話，就無法信任對方**。此外，有些人是對方若不和自己一樣（或者更）不幸，就會平靜不下來。對方訴說煩惱時，說「我懂、我懂」，自己也訴說類似的煩惱，就會拉近彼此之間的距離，正是因爲覺得「對方懂自己的心情」，在此同時，會心想「對方也跟自己一樣，爲了同樣的事在煩惱」，「比較的心」因此感到心安。

明明向別人訴說煩惱，別人卻不對自己訴說煩惱，因而情緒低落的情形，較常從女性口中聽到。在男性的情況下，會認爲「或許只是這個主題與對方無關」，好像不太在意，但是在女性的情況下，大多會以「對方覺得自己是不重要的人」這種形式認知，而情緒低落。我想，女性具有「找自己討論煩惱＝認同自己是重要的人」這種認知。

然而，強迫對方也訴說煩惱，或者認定對方應該也爲了類似的事在煩惱，終究是多管閒事，會變成「女性」的問題。

STEP 1

不被捲入

朋友之間互相坦誠眞心話，全然地接受對方是一件非常棒的事。

可是，要**自己決定「說到什麼程度」、「說什麼」、「何時說」**。對方想說時傾聽，自己想說時訴說即可。強迫對方坦誠煩惱，或者認定「你一定也有類似的煩惱」，是侵犯對方的領域。

要避免被捲入其中，就是要避免被侵犯領域。

如果不想說，不說也無妨。可以只是單純不說，也可以變成「有點與眾不同的人」，回應「你知道，我不擅長那種事」。因此而當不成朋友的人，「女性」指數應該相當高。倘若如此，就要增加「女性」指數低的朋友。因爲若是被「女性」指數高的人包圍，人生會變得很辛苦，發生一堆莫可奈何的事。

實際上，**以自己為中心思考人際關係，是為了從「女性」解放所必須做的事。不是「該怎麼做才會被人喜歡」，而是「自己想怎麼做」，這正是擺脫「女性」的重點**。因此，不要用「想被身邊的『朋友』喜歡，該怎麼做才好」這種觀點，而是思考「自己想親近的是哪種朋友」即可。不同於上司或同事，自己想親近的人才能成爲私密的朋友。不是「徒具形式的關係」，能夠擁有眞正的交情是一件很棒的事。

STEP 2

明哲保身

若是貫徹「不想說時就不必說」這種態度，會有被認爲「驕傲自大」、

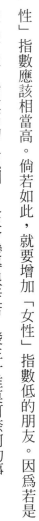

「以爲只有自己是特別的」、「瞧不起我們」等等，成爲「女性」們攻擊對象的風險。因此，爲了保護自己，除了不要改變「不想說時就不說」這一點之外，也必須「態度和善」。

也就是**強調**只是依照自己的作風那麼做而已，**並非瞧不起「女性」們**。

這是和「女性」相處時，必須隨時具備的態度。「女性」是沒有被療癒的內心，若是瞧不起它，它只會更加受傷。

關於爲何變成了「女性」這個背景，已經在第1章解說過，基於這層了解，來看待眼前的「女性」，就會變成「受了許多傷、可憐的人」，而不是單純「讓人討厭的女人」，因此，當作「需要療癒的人」看待即可。

對需要療癒的人，最好表現出「我不會威脅你」這種態度。因此，如果別人對你訴說煩惱時，自己不說，只是特別熱情地產生共鳴，傾聽訴說即可。

假如對方丟出「你也說一說煩惱」，只要回應「我不擅長訴說。可是我們的煩惱類似，光是聽你訴說，也覺得自己被療癒了」，認真地傾聽，對方就會知道自己並沒有被輕視，問題會因此減少。

STEP 3

療癒「女性」

「女性」尋求「徒具形式的關係」，在聽對方訴說時，往往會提供類似的「話題」，藉此炒熱氣氛，但是爲了療癒「女性」，要將對方訴說的內容當作**「對方的事」尊重，而不是當作「話題」**。這會建立眞正的「人與人之間的關係」，而不是「爲了類似的事而一起煩惱」這種「女性」才有的「徒具形式的關係」。

不說「我也有類似的體驗」、「在我的情況中是那樣」，**不從自己的資料庫中搜尋，而是試著只專注於對方的事**。假如腦海中浮現某種想法，像是「爲什麼這個人要這麼想呢？」，姑且將它放一邊，試著重新專注於對方的事。**正是完全地傾聽對方的訴說**。

這種傾聽方式，會療癒自己和對方，感覺到內心的連結。不是以「煩惱」這種等級連結，而是能夠以「關注」這種等級連結。那正是建立發自內心、人與人之間的關係，而不是「女性」之間的「徒具形式的關係」。

CASE
14

愛情觀不同的女性

說到女性之間的話題，最能炒熱氣氛的就是感情話題。若是爲了「如果不說就不夠朋友」這種氣氛而說，對方往往會提出「你男友有問題」、「你最好跟他分手」這種反對意見。愛情觀因人而異，不想被人說三道四，有人因此和朋友疏遠。但在女性之間，感情話題就像是用來測試朋友的忠誠儀式一樣。若是閉口不語，對方就會覺得遭到背叛，但是說太多，對方又會覺得你在曬恩愛，對你說出難聽的話。彼此的感情話題，到底說到何種程度才是恰到好處呢？

分析

感情話題如同廟會

跟煩惱諮詢一樣，感情話題在「徒具形式的關係」中，也是重要的事物。**「女性」經常檢查對方是否確實信賴自己、是否開誠布公、是否太幸福**。話說回來，將別人的情人斷定爲「你男友有問題」的當下，「女性」指數就相當高。

在此提供兩種思考方式作爲參考，一是某種程度上當作無可奈何的「社交禮儀」，內心從容地陪對方談論感情話題，二是降低「女性」指數，不執著於這種「親密關係」。

在前者的情況下，**將感情話題當作廟會吧**。是眾人深感興趣的領域，透過連帶感彼此產生連結，還能炒熱氣氛。認爲這是爲了能和夥伴繼續來往、如同廟會般的「社交禮儀」，就能看開，沒有領域意識的「女性」對自己的感情話題提出指責，也只是「廟會」的一部分。採取對方只是在廟會中炒熱氣氛，隨口說說的態度，假如對方說出「你最好跟他分手」，就四兩撥千金地回應「你這麼認爲嗎？我會考慮」，不要放在心上即可。

不過，只要採取這種模式，就只能將「愛情觀因人而異，不想被人說三道四」這種正當主張束之高閣，心中只能這麼想「今天是名爲感情話題的廟會，所以不要說那種死板的話」。當然，因爲是「社交禮儀」，所以不必眞正坦誠你內心深處的想法。只要能夠炒熱「廟會」的氣氛即可。

另一個方法是跟感情話題保持距離。也就是說，不要試圖透過感情話題，維持「徒具形式的關係」。自己的感情，只找稱得上是好朋友、値得信賴的人諮詢，跟那些將感情話題當作忠誠測試儀式的人保持距離，並且爲了表示並非瞧不起對方而表現得和善，也是一種方法。

CHAPTER

6

如何和做不到「自己是自己、他人是他人」的「女性」相處？

CASE
15

想干預他人的女性

A女的案例

我有個朋友會以一副高高在上的態度給人建議，令人感到痛苦。學生時代，她確實十項全能，我也經常依賴她，她就像個大姐頭。但如今，我們在不同的地方工作，我想，我也成長了不少，但是她若像從前一樣，總是以高高在上的樣子說話，坦白說，我就會感到不耐煩，覺得我好像一輩子都會是她的小跟班。

分析

母親病、大姐頭病

這是一種可被稱爲「母親病」、「大姐頭病」的現象，「女性」經常具有**「我最了解對方」這種感覺**。這是源自於無法區別「自己的領域」和「他人的領域」這種特徵。

「女性」原本就被人期待要會察顏觀色，如果能巧妙地察覺到，就會被誇獎為「機靈」。因此，「女性」採取「我最了解你」這種態度也無可厚非。在本書42頁也提到，若是試著思考「爲何難以區別自己和他人」、「爲何闖入對方的領域，大肆批評、給予建議」，就會發現原因來自於女性一直被人要求扮演這種角色。被人說成「機靈、細心的女性」，是能夠觀察對方的臉色、認爲是別人要求她這麼做的人。也就是說，**世人要求「女性具備的特質」中，有一**

部分可說是侵犯「對方的領域」。

也可說是整個社會都期待女性能察顏觀色。在職場中，發生瑣碎麻煩的問題時，經常會看到期待「女性應該會」善後，而且經常期待女性扮演像是社會的「母親」這種角色。這麼一來，「母親病」治不好也是理所當然的。

認為「自己是自己，對方是對方」，劃清界線，是健康的人際關係的基礎。如果做不到這一點，就會基於認定採取行動，令對方望而生畏。明明是對方的問題，卻「侵犯對方的領域」，至於自己的事，則採取「看我的表情就知道了吧」這種態度，令對方感到困擾，或者引發人際關係的問題。

社會中，形形色色的人們，各有各的隱情，幾乎沒有能夠妄下斷定的事。別說實際上缺乏判斷經驗的人，即使已經是見多識廣的人，也往往妄自斷定，永遠都無法放下「我最了解你」這種感覺。

STEP 1

不被捲入

若將這種狀況視爲「一副高高在上的模樣」與「小跟班」，就會感到痛苦，而且已經被捲入了。然而，如果單純地將它視爲一種代表性的「『女性』模式」——**難以區分「自己的領域」和「對方的領域」**，結論就單純只是「她的『女性』指數高」而已。由於對方和自己不是主管和屬下的關係，甚至不必因此感到痛苦。

事實上，人只能在「自己的領域」中說些什麼。因此，即使對方說的主題是針對你，那也是**對方在「自己的領域」中擅自碎碎唸**。你**不必認為對方說的是真的，當然也不必按照對方的話去做**。

爲了不被捲入，只要認爲「噢，她的『大姐頭病』發作了」就夠了。也不必爲了對方說的話而生氣。

STEP 2

明哲保身

假如她是值得深交的朋友，**就一面採取不會被視為「否定」的說話方式，一面修正軌道**。具體來說，便是試著說明自己的隱情，像是「如果能夠那麼做就好了，但是實際上有許多難處」等等。接著，如果對她說出「我會嘗試著去做」時，對方轉而說出替你加油的話，那應該已經不是「女性」的「徒具形式的關係」，而是女性之間的友情了。

然而，如果她的「女性」指數高，不管你怎麼解釋，她都會視爲自己遭到了否定，我想，最好放棄加深友情。即使你說明了隱情，她仍進一步批評，最好回應「我會試著思考看看」、「原來如此，還有這種思考方式」，**以不束縛**

自己的行動的形式，尊重她的意見，盡量在關係上保持距離。

話說回來，生活環境改變之後，不必堅持和學生時代的朋友保持親密。每一個時期適合的朋友都不相同，不斷地結交能夠好好尊重彼此領域的朋友即可。

STEP 3

療癒「女性」

如果在STEP 2中選擇保持距離，或許就不必去療癒她的「女性」。爲了讓她具有「領域」這種概念，應該要花不少時間，就方向而言，便是**不採取「不要進入我的領域」這種做法，而是採取「我尊重你的領域」這種做法**。

「不要進入我的領域」勢必會產生「否定」的語氣，對方會覺得你是「敵人」。「女性」會情緒性地對「敵人」展開攻擊，就算你說的內容值得聽，對方也會閉上耳朵。

當她批評你時，就回應「我會試著思考看看」，不當作一回事，相對地，當她針對自己的事訴說時，可以回應「假如是我，我想，我沒辦法那樣做，但這是你的人生。如果有我做得到的事，我可以助你一臂之力」。而當她說的話令人無法認同時，不妨這麼回應「每個人的感受方式眞的各不相同。你的感受方式也讓我上了一課呢」。

CASE 16

被「建議」而感到困擾時

有的人會過度推銷自己覺得好的事物，像是保健方法、育兒方法、占卜等心靈類的事。如果對方太過強硬地建議，或者對方是資深員工或上司時，有時候會難以拒絕。尤其是對方強烈地覺得那個很不錯，自認爲是爲了你好，所以非常難以拒絕。想要拒絕對方又不破壞關係，該怎麼做才好呢？是否有讓對方改掉愛建議的毛病（強迫他人接受）的辦法呢？

分析

欠缺「領域意識」

這個案例和前一個案例相似。在**「認為是為了你好」的當下**，就出現了**「母親病」**。話說回來，**對自己而言好的東西，不見得對他人也是好**，這是重要的「領域意識」。

對策也與前一個案例幾乎一樣。不過，這個案例的情況中，「有沒有按照對方的建議去做」會有顯而易見的結果，相對之下，狀況可說較爲嚴峻。

這種時候，原則也一樣，就是不要傷害「女性」，以及自己不要變成「女性」。不要說「我不想做」、「我沒興趣」這種否定的話，而是說「我這個人粗枝大葉，實在沒辦法那麼做。您（資深員工或上司）眞的很厲害」、「我現在腦子裡裝滿了東西，要是把什麼新的東西裝入腦袋，恐怕會把必要的東西給擠出腦袋了。您好心教我，眞是對不起」，從始至終必須**以「自己做不到」這種語氣訴說**。此外，一定要說「我很高興您爲了我好，給我建議，感激不盡」，補上道謝。

如果讓自己變成「女性」，由於不想破壞關係，就會半推半就地說「好」，反而可能使後來的關係變得複雜。如果對方一開始建議時，就說「我辦不到」，即使站在中立的立場來看，應該也沒有問題，但如果明明一開始說「好」，但是後來說「我還是做不到……」，即使站在中立的立場來看，說不定也會覺得你「理虧」。

此外，**愛建議的毛病正是欠缺「領域意識」**，這也可說是「母親病」的核心，並不是一朝一夕能夠改掉。這種人的「女性」必須療癒。如果你只想明哲保身，與其保持距離就夠了，但若是必須頻繁接觸的對象，就要誇讚她除此之外的優點，而針對對方建議的事，視爲「對方正在拚命地訴說目前正熱中的事」，而不是「自己被建議了」，熱情地認真聆聽，對方的「女性」應該也會漸漸被療癒。

CASE
17

將我當作生存意義的母親

B女的案例

我是么女，現在與父母同住。父親和母親除了必要的事之外，不太交談，我和母親的感情比較好。但是最近，我經常覺得原本和我感情好的母親很煩。我每天早上去上班時，她會說「我今天煮〇〇等你回來」，認爲我下班後直接回家是理所當然的。除此之外，一旦黃金週（譯註：日本四月底到五月初的連假）接近，她就會說「哪裡的溫泉如何如何」，認爲一起去是理所當然的。我很想說「這次的黃金週，我要跟朋友去旅行」，但是卻感受到一種甩開母親的罪惡感。

分析

母女之間的「女性」問題

基本上，孩子成人之後，跟父母過著不同的人生，是理所當然的事。即使是親子，也是不同的獨立人格。但父母，尤其是母親，有時候會將自己生育的孩子當作自己的一部分。這一代母親不了解的「領域」，如同字面上的意思，也可說是「母親病」。

當孩子還小時，「母親病」會妥善地發揮功能。舉例來說，嬰兒無法以言語表達想要什麼，母親必須予以解讀。孩子無法清楚說出「自己確切想要的事物」時，母親必須予以察覺。

然而，隨著孩子成長，會形成父母不了解、或者父母不該進入的領域。**尊重「孩子的領域」，是協助孩子成長**。然而，也有母親不懂這一點，持續採取

「我最了解你」這種態度，這會阻礙孩子的成長，或者造成婆媳問題。

B女的母親可說是不認同「孩子的領域」存在。而在B女母親的情況下，更棘手的是，除了伴侶之外，好像沒有其他親近的人。對於這種人而言，像B女這樣不反抗母親，漸漸變得對母親唯命是從的**女兒，是寶貴的「自己人」，實在很難接受她獨立自主**。甚至會覺得試圖從身邊獨立自主的孩子是「叛徒」、「忘恩負義」。

由於不想承認「孩子的生活中心已經不是自己」、「孩子必須建立自己的世界」這種事實，如同B女的案例，也有母親永遠以長大成人的女兒爲中心生活。這對母方雙方而言，都是不幸的事。

STEP 1

不被捲入

這個狀況下，試圖從母親身邊獨立自主，或許會產生「不孝女」這種心情。實際上，B女也感受到甩開母親的罪惡感。

然而，**和伴侶一起協助孩子的成長，讓孩子成為獨立自主的大人，將孩子送到社會上，是父母的工作**。但事實上，女兒變得比伴侶更「親密」，或者把女兒的隱私當作自己的隱私，失去「領域」意識，還是必須視爲「『女性』的模式」。

此外，這不只是母親的「女性」問題，也是B女的「女性」問題。因爲**以「該怎麼做才會被人喜歡」為中心的「女性」，經常會對「離開父母」感到排斥**。母親和B女雙方的「女性」，一同打造了不符合年齡的親密度。她們必須各自朝人生之路前進。

首先，可以從黃金週決定要和朋友去旅行開始。當然，母親會受到打擊，說不定會埋怨「我期待了好久，你居然要和朋友去旅行」。然而，不該爲此感到罪惡感。

為了活下去，我們必須克服許多變化。孩子獨立自主，離開父母也是其中之一。這**雖然令人感到落寞，但也是孩子順利成長變化的證明**。如果永遠不承認這個變化，母親的人生就會空虛地停滯不前。母親會自認爲「孩子永遠依賴自己」，**不去建立對於目前的自己而言，真正必要的人際關係和活動**。若是認眞思考母親今後的生活，確實地讓她知道「我已經從母親身邊獨立自主了」，反而是一種親切的做法。

此外，請勿期待這個過程會毫無傷害地進展。對於母親而言，顯然會演變成喪失體驗。許多人因此感到落寞和空虛，但這是爲了活下去，必須克服的變化。擁有「協助母親克服這個變化」這種觀念，才是最替母親著想。

因此，若是感受到罪惡感，就是被捲入了。我懂你的心情，但要擁有「若不離開父母，會破壞母親今後的生活」這種觀念，首先放下罪惡感。

STEP 2

明哲保身

身為成人，要捍衛自己的自由。黃金週和朋友一起去旅行，沒有任何問題。除此之外，要一點一點地**擴大自由**，像是說「我今天要跟朋友吃完晚餐再回家」等等。

STEP 3

療癒「女性」

看到因爲自己不和她一起行動而顯得落寞的母親，經常忍不住心想「還是和母親一起行動好了……」然而，因此而走回頭路，會使情勢混亂。

必須**相信「母親能夠克服這個變化」**。

事實上，許多母親面臨女兒獨立自主，即使一開始躲在家裡，不久之後，自己就會想和其他人建立親密關係，或者展開某種活動。如果母親有擅長的事，不妨建議：「媽，你要不要試試看？」或者建議：「你要不要偶爾和爸去旅行？」這可說是女兒才做得到的事。**讓母親知道除了黏著女兒、依賴女兒之外，可能還有許多樂趣**。

此外，最好告訴母親，即使物理上獨立自主，精神上她仍是最重要的母親。強調她的「重要」同時，不妨同時提議新的生活，像是「因爲你很重要，所以我希望你多交一些朋友，享受人生」、「因爲你很重要，所以我希望你開始做某種運動，這樣才能永遠健康」。

其實這是闖入母親的領域的建議，但相對於父母闖入孩子的領域通常會阻礙孩子的成長，孩子闖入父母的領域，父母好像通常會感受到「親情」。相較於孩子漸漸地從自己身邊獨立自主，對於父母而言，最令人落寞的或許是「孩子不再關心自己」。比起沉默，以「因爲你是最重要的母親」給予建議，母親就能感受到孩子的關心。

CASE 18

養育孩子的方式和婆婆有出入

C女的案例

我對於和婆婆養育孩子的想法有出入而感到困擾。她會對我碎碎唸，像是我哺乳時吃的餐點，會說「別吃這個、別吃那個」，或者不准我讓孩子睡在行動電話旁邊。相對地（明明我會注意不讓孩子感染蛀牙菌），婆婆卻會用她用過的筷子餵孩子吃東西。隨著時代不同育兒方法會有所差異，我原本就很煩惱了，又和婆婆在許多地方在意的重點不同，孩子還小就這樣，未來可想而知。

分析

婆媳問題是「女性」造成的嗎？

我們能夠從「女性」的各種特徵，來說明婆媳問題的難處。婆婆之所以強迫媳婦接受她的做法，或許是因爲沒有領域意識的「母親病」，而且說不定是希望自己永遠被兒子選擇爲「女性」的「第一」所造成。也有婆婆是想透過貫徹自己的意見，確認自己依然被選擇爲「女性」的「第一」。

然而，這個問題**最好不要當作是女人之間的關係來處理**。

這是因爲，關鍵人物是丈夫。問題的本質是丈夫離開父母。這是丈夫和他的母親之間的事。**丈夫必須確實思考**「如何在自己和親生父母之間定位結婚、擁有家庭這件事」、「決定育兒方針的人是誰」這些問題，**並且做出決定**。

因此，爲了不被捲入，必須告訴丈夫令你困擾的事，請丈夫解決。除非婆媳都是「女性」指數相當低的人，否則我建議要讓丈夫當解決這個問題的關鍵人物。

一般而言，要對育兒負責的是親生父母，最好請丈夫確實地向他的母親傳達，希望她不要胡亂闖入兒子與媳婦的領域，只要在一旁守護就好。或者可以請丈夫確實地傳達，希望婆婆幫忙時，哪些點要避免介入。

儘管如此，還是發生難以預測或緊急的情勢時，總之，降低自己的「女性」指數，會減少問題和壓力，接下來再請丈夫解決。

祕密被人昭告天下

D女的案例

E女將我的祕密向所有朋友洩漏了。正因爲E女非常擔心情緒失落的我，而我很信賴她，所以我向她坦誠了煩惱，但她卻這麼做，令我無法再相信人。

祕密屬於誰？

有的人是抱持著惡意做這種事，但許多**「女性」不擅長「自己是自己，他人是他人」，管理個人資訊的方式粗糙**。像是說「不要告訴別人……」、「我信賴你，所以跟你說……」毫無惡意地洩漏他人的祕密這種情況也很常見。如果當下的氣氛讓自己覺得「可以說」，**那個資訊原本屬於誰這種意識就會變得淡薄**。

此外，在「母親病」的情況下，也有人會以「我最了解在什麼時間點可以在哪裡洩漏資訊」這種心情，曝露別人的祕密。如同母親不把孩子的事當作「曝露祕密」，輕易地告訴他人一樣，這種人**甚至往往沒有「自己正在曝露祕密」這種意識**。

此外，關於他人的個人資訊，也有人的規則只有一個，只要「自己覺得可以說就說」。

STEP 1

不被捲入

判斷對方是口風多緊的人，非常重要。尤其**訴說自己的祕密時的標準，應該是對方是「口風多緊的人」，而不是對方「多麼擔心自己」**。**「口風緊」是一種穩定的資質**。口風緊的人即使再怎麼討厭對方，通常也會保守祕密。因此，即使多麼擔心自己，或者當場再怎麼說「我會保守祕密」，思考對方平常是口風多緊的人，然後做出判斷很重要。

明明說「我會保守祕密」卻向別人洩漏，未必是「撒了謊」。**對於「女性」而言，重要的是和對方之間的關係，而不是個人資訊**。在當下，如果覺得「這個人是自己人」，就會保證「我不會告訴任何人」，但是在別的場合中，如果覺得「這個人是自己人」，就會變成「因爲是你，所以我說」，若無其事地說出原本應該保守的祕密。

STEP 2

明哲保身

訴說自己的祕密時，必須相當愼重，如同在STEP 1中所說，「看清對方的口風多緊」非常重要。基本上，將「女性」作爲傳達祕密的對象是可以的，但必須相當注意。話說回來，由於E女非常擔心D女，所以D女坦誠了祕密，但是**越強調「我在擔心你」的人，「領域」意識也越淡薄。確實擁有領域意識的人，即使擔心，在對方找自己討論之前，**多數會**靜觀其變**。因此，「因爲對方擔心自己，所以坦誠祕密」，仔細想想，也可說是最糟的組合。

此外，這不是用來判斷能不能相信人的事，而是關於看清對方的事，今後不要將「因爲對方擔心自己」，而是將「因爲對方口風很緊」作爲訴說祕密的標準即可。

STEP 3

療癒「女性」

就算爲了洩漏祕密而**責備E女，也只會成為「女性」之間的惡鬥**，搞不好E女下次會惡意地散布祕密。因此，若想要做些什麼，不妨試著用「謝謝你之前陪我討論祕密，我非常感謝你。當時是我不好，沒有好好拜託你不要告訴別人，但是○○知道了，令我大吃一驚。當然，○○是個沒問題的人，知道了也無妨，但是能不能請你不要再告訴別人呢？抱歉，我之前沒有這樣清楚地拜託你」這種說法傳達。重點始終是**不去否定對方**，這也可說是面對「女性」時的鐵則。

CHAPTER 7

如何和愛演的「女性」相處？

CASE 20

只對男性和顏悅色的後進

A女的案例

有個後進即使以相同方式委託她做事，如果是我拜託，她就會抱怨，說她做不到，但是男性員工一開口，她就會笑瞇瞇地應對。我不想被她認爲我是個性乖僻的人，該怎麼提醒她才好呢？

分析

創造、扮演自己

「女性」的主要特徵之一是在男人面前創造自己。也就是說，會扮演「受到男性喜歡的女人」而表裡不一。如果認知到「女性」的原點是「被選擇的性別」，就能了解這是理所當然，但是看在其他女性眼裡，其惺惺作態令人咋舌，至於察覺不到這一點、被騙得很開心的男性也令女性們驚訝。

STEP 1

不被捲入

想要不被捲入這個問題，可從兩個方向探討。一是**盡量防止**對方不替自己工作這個**實際損害**。而另一個是**不要**因爲這個後進的態度而**感到不愉快**。

對此能幫助你的是，在第80頁所說的「忽視『女性』」這種態度。

最好先放下「明明男性開口，就會笑瞇瞇地去做」這種偏見，試著問一問後進是否有拒絕委託的正當理由。

這個後進的「女性」指數似乎相當高，有可能光是單純地被女性拜託，就會情緒性地反彈。因此，假如對方說她做不到，要把**焦點放在「讓她做你委託的工作」**，像是說「何時能夠做好？」、「今天之內不做的話，我會很傷腦筋，所以拜託你了」、「除了這個工作之外，有優先順序更高的工作嗎？讓我們一起想一想」等等。

若是把焦點放在「被男性委託工作時的態度差異」，就會越來越刺激對方的「女性」。因爲**「女性」最討厭被「女性」批評**。尤其是「在男人面前態度丕變」這種指責，就像是刺中「女性」的要害。因此，姑且不論被男性委託時的態度，要讓對方專注於做「這個工作」。

此外，像這樣不把焦點放在「被男性委託工作時的態度差異」，也會減少自己感覺上的不愉快。

STEP 2

明哲保身

批判後進看在對「愛演的女性」遲鈍的男性眼裡，**有著被視為「刁難」的風險**。處理得不恰當，可能被視爲你在「欺負比你可愛的後進」。若是直接攻擊，更有可能發生這種事。

因此，如同STEP 1中所說，不把焦點放在「被男性委託工作時的態度差異」，就是在保護自己。也就是要**一視同仁地對待「女性」指數高的後進**。這麼一來，就不會留下被對方說「她只會刁難我」的證據。只要不超出「讓她做你委託的工作」這個範圍，就單純地變成工作如何進展，能夠減少被視爲「刁難人」、「欺負人」等風險。

STEP
3

療癒「女性」

不把焦點放在對方的「女性」，只是基於工作和後進相處，也會療癒她的「女性」。一直以「女性」生活的她，一心只想著該怎麼做才能吸引男性的注意、該怎麼做才能站在比其他「女性」更有利的立場，也就是她一直過著無法信賴其他女性的生活。以**不是「女性」的女人身分和她相處**，對她而言是**新的體驗**，能夠療癒她的「女性」。若是針對她的「女性」，在她眼裡，你不過是「試圖扯自己後腿的人」，但是**只把她當作「工作上的後進」看待，這種態度會為她建立起安全感的地基**。也就是，爲她創造出不是身爲「女性」，而是身爲一個人被尊重的感覺。

CHAPTER

8

如何和一戀愛就變了個人的「女性」相處？

CASE 21

決定結婚之後就變了個人的朋友

A女的案例

最近，好友決定要結婚了，我們的感情從此產生了嫌隙。比方說，她以工作忙碌爲由，突然取消了先前說好的旅行，但是卻和未婚夫去旅行了。假如她早點跟我說的話，我還能改爲和其他朋友去，令我感到很火大。從此之後，我開始對她的言行（像是問我「交到男友了沒？」、討論新娘禮服的事）感到不悅。我不再想跟之前一樣跟她出去了。

分析

「鑰匙和鑰匙孔」之間的關係

許多女性一旦有了情人，就會變得以情人爲中心。當然，無論男性或女性，在戀愛初期經常滿腦子都是對方，某種程度上，可說是理所當然的狀態，但是過了這個時期，如果還是太以情人爲優先，甚至令女性朋友覺得「失禮」的話，那與「女性」的特徵有關。

爲何「女性」容易以情人爲中心，忽略了與其他事物之間的平衡呢？

這與「女性」身爲「被選擇的性別」、擁有內心傷痕有直接關連。情人會說「你最好了」，一旦訂了婚，等於是「我想選擇你作爲一生的伴侶」，所以以情人爲中心的程度會變得越來越強。與女性「只要不被選擇，就不滿足」的內心傷痕之間，**類似於「鑰匙和鑰匙孔」關係**。

這與「男性明顯有問題，像是發生家暴或外遇等行爲，女性也遲遲無法主動斬斷關係」這種現象也有關聯。無論是再怎麼「沒用的男人」，「女性」也難以捨棄會對自己說「你最好」的人。而「沒用的男人」大多會散發出那種氣場。

女性談戀愛後會有所改變，這種情況很常見。明明在那之前，覺得她是個眞誠的女性友人，但是一旦有了情人，態度經常就會突然不眞誠起來。

有時候這只是對方原本的「女性」指數就很高，只是她能和女性朋友相處融洽，而有時候，則是**「女性」指數突然由低變高**。

戀愛時，發覺「自己居然有這種討厭的一面」，對於感到強烈嫉妒的自己感到驚訝。這是因爲過去沒有意識到的內心的「女性」跑出來了。**和自己的內心傷痕吻合的「鑰匙」出現，使得內心傷痕顯現出來**。「鑰匙孔」一旦發現了「鑰匙」，就無論如何都不想離開它了。

STEP 1

不被捲入

如果將發生在A女身上的現象，視爲「自己被輕視了」，就已經被捲入了。不必比較自己和對方的情人誰比較重要，而是視爲單純的「『女性』模式」。不過是**像「鑰匙和鑰匙孔」之間的關係一樣，朋友被說「你最好」的人吸引了**。

因此，面臨這種情況，只要這麼想「噢，她的『女性』指數現在變得非常高」、「她深深地陷入了『鑰匙孔』中」即可。**不當作是自己的問題，而是當作她的現狀**看待，自己就不會受傷。

STEP 2

明哲保身

無論是感情多麼好的朋友，**「女性」指數變得這麼高時，最好將她當作另一個人格看待**。事實上，「交到男友了沒？」這種感情話題，以及討論新娘禮服等等，這些話題全部都來自她「以戀愛爲中心繞行」的世界觀。

你不必配合這樣的她行動。

和對方之間的關係，可以依照對方（或者自己）的狀態，靈活地改變。不同時期各自有適合的關係。

因此，「不想再和之前一樣跟她出去了」這種現狀，是理所當然的感受方式。或許和對方的關係**到了適合保持距離的時期**。不必認爲「自己無法替朋友的幸福感到高興」、「自己或許在嫉妒朋友」等等。因爲朋友的確做了十分失禮的事。

STEP 3

療癒「女性」

爲了療癒這種「女性」，**一面保持距離，一面接受她的現狀**，會對你有好處。雖然做出批判性的評價，像是「老是這麼做的話，你會沒有女性朋友」等等，也無可厚非，但是要這麼想「欸，這是這種時期常有的事」，試著原諒她。

雖然身為朋友，但進入一種「待機」狀態。暫時停止親密關係。可是，等她的「女性」指數降低時，再重新接受她。我想，能夠以這種靈活的態度看待她最好。

如今站在幸福頂點的她，今後會過著怎樣的人生，仍是未知。如果在她心中，還需要你這個朋友，而且到時候你也還想和她親近的話，就再一次成爲親密的朋友即可。

CHAPTER 9

溫柔地療癒自己內心的「女性」

目前為止，
主要談論的是以降低自己的「女性」指數為對策，
因應對方令你困擾的「女性」特質。
本章中，
要進一步將焦點放在你內心的「女性」，
思考如何降低壓力，提升生活品質。

CASE 22

因為女性朋友染指自己的男性友人，而感到不愉快

A女的案例

每一年，公司同期的員工都會舉辦烤肉會，今年由於參加的女性不多，於是我邀了朋友B女。我常與B女提起公司同期的同事，她因此能順利地與大夥打成一片，聚會非常愉快地結束了。但是後來，沒透過我邀約，B女開始出現在公司同期同事的聚會中……前一陣子，她告訴我她目前正與其中一位成員交往中，我心裡頭總覺得不是滋味……她的異性關係從過去就很精彩，我覺得她很厚臉皮。

分析

忽視「女性」

當然，B女的「女性」指數好像相當高，在此，讓我們刻意關注A女內心的「女性」。既然邀了B女參加同期同事的聚會，無論她和其中一名成員在哪裡建立何種關係，那可說是他們的自由。當然，由於是自己公司的同期夥伴，所以覺得那是自己的領域，也理所當然，而且被人用一副旁若無人的態度闖入自己的領域，那種不愉快，我懂。「如果要出席聚會，起碼希望她得到自己的同意」這種心情會油然而生。但事實上，並沒有禁止對方那麼做的規定。

此時要**放下「女性」**。如果沒有規定，哪種人要擁有哪種人際關係，是個人的自由，如果繼續對B女抱持不愉快的情緒＝被B女捲入了。

如果你快被B女利用，或者因爲身爲B女的朋友，其他同事對你抱怨B女的舉止，危及你和同事之間的關係的話，最好保護起自己，就是「不和B女親近」，和她劃清界線。不管B女委託你什麼事，只要說「我不想搞亂公司的人際關係，你自己說」即可，而即使其他人向你抱怨，也只要說「我只是邀她參加一次烤肉會而已，跟她不太親近，無法控制她，很抱歉」，跟B女橋歸橋、路歸路即可。

看到「女性」的舉止，感到不愉快的是「女性」的內心。對此看開，所謂忽視「女性」，就是**「不管對方怎麼行動，那是她的自由」**。「女性」不擅長認同人的多樣性，如果像這樣認同「女性」的言行，自己內心的「女性」應該會被療癒不少。此外，貫徹「不管對方怎麼行動，那是她的自由。不過，也要自己負責」這種態度，B女遲早也會獲得療癒。

CASE
23

為何總覺得女性上司比較嚴厲？

C女的案例

職場中，有位令我避之唯恐不及的女性上司。如果犯了類似的疏失，我總覺得她比男性上司嚴厲。我不想說「因爲她是女性，所以比較歇斯底里」，但是她的說話方式很嗆，有時候事情過了一陣子，她還是碎碎唸個沒完……。我甚至覺得她討厭我。爲何總覺得女性上司比較嚴厲呢？

分析

女性上司內心的「女性」、自己內心的「女性」

這個案例中，有兩個可能性。如果上司的「女性」指數相當高，而你在她的範圍內行動，就能理解，說不定只是這位女性上司才如此。或者和婆媳一樣，有時候曾被女性上司嚴格培育的人，對後進也很嚴厲。

然而，更廣泛地觀察一般社會現象時，是否有不少人覺得「女性上司比男性上司嚴厲」呢？這或許是女性上司的「女性」使然，也說不定是男性對年輕女性比較寬容。

可是，在此請試著以**自己內心的「女性」這個觀點**，來思考這個案例。

假設「男性上司比較和善」，那或許反映出了男性對於比較年輕的C女和善。此外，說不定是C女被凡事和善對待她的男性上司慣壞了，而向女性上司尋求同等級的和善。

利用自己是女人，在男性面前演戲，長袖善舞的女人，整體性是「女性」指數高的人，絕對無法獲得他人的信任。女性上司之所以對這種人表現出嚴厲的態度，就某種層面而言，或許是她覺得必須這麼做。請檢視自己內心有沒有「如果是男性上司，只要我說話裝可愛，是否對方就會原諒我」這種心情，試著自我約束。

STEP 1

不被捲入

若是執著於「爲什麼只衝著我來？」、「明明男性上司會說好，爲什麼她不原諒我呢？」這種「爲什麼？」，就是被捲入了。

比起如此執著，請試著回顧自己的「女性」，是否一面對男性上司就忍不住撒嬌。如果自認爲自己不管對女性還是男性上司都完全平等對待，就只剩下療癒女性上司這個問題而已。**思索「為什麼？」是不必要的**。

STEP 2

明哲保身

當然，不可以針對女性上司說壞話，不要變成「女性」。更重要的是，如果這位女性上司受到其他人信賴、喜愛，應該能夠從她的工作方式中學到很多，要確實地採取「請教我」、「我想變得像您（女性上司）一樣」這種立場。**被打從心底表示敬意和好感的女性，很少會不開心**。此外，就算女性上司也身爲「被選擇的性別」，內心有不是滋味的部分，像是覺得「年輕女性吊兒郎當」等等，我想，終究也會對直來直往對自己說「請教我工作！」、「我想學習和您一樣的沉穩穿著！」的人敞開心扉。

女性的人際關係中，被重視這一點很重要，也會表現在這樣的地方。

STEP 3

療癒「女性」

無論上司是哪種類型，如果自己盡量降低「女性」指數，真誠地工作，其他人的「女性」也會因此被療癒，而且會對你減少採取嚴厲的態度。

CASE
24

唯獨自己先懷孕了

D女的案例

我有個朋友跟我一樣，遲遲無法懷孕，長久以來，我們互相坦誠煩惱，努力接受不孕治療。可是，如今我懷孕了，她的肚皮還沒有動靜。在身邊的人一個接一個懷孕的過程中，被眾人拋在後頭的痛苦心情，我們總是安慰彼此。沒來由地，我變得難以和她聯絡，但是和她疏遠也令我感到落寞，今後到底該怎麼和她相處才好呢？

分析

不要揣測他人的領域

這確實是一個困難的狀況。

但若是試著仔細思考，對於你先懷孕這件事如何反應，主要是她的領域。「沒來由地難以和她聯絡」這種感覺，也可說是你擅自觀察她的領域而導致。

她實際上對於這件事如何反應，只有她才知道。

當然，在一起接受不孕治療的過程中，其最大的主題是不孕，以及隨之而來的各種精神上的痛苦。但除此之外，應該還有作爲朋友所培養出的重要事物，那或許不會因爲D女先懷孕而失去。

一般而言，從對方的角度來看，「你先懷孕了」是一種喪失。等於失去了一個擁有同樣煩惱的夥伴。此外，那會令對方心想「只剩下自己了」，帶來震撼，說不定甚至會抱持「自己是否一輩子都無法懷孕」這種絕望感。

這種時候，若是連彼此的關係都變得疏遠，孤立感就會升高。受到震撼時，「誰都不懂這樣的我」、「誰都不肯幫我」這種孤立感就會變強，若是再受到你小心翼翼的對待，孤立感就會極度升高。對方說不定會覺得，那個變得幸福的人，立刻從自己身邊離開了。

當然，今後兩人不曉得還能夠分享多少事物。過去的關係只是建立在一起接受不孕治療，今後是否能持續有價值的友情不得而知。然而，那是**自然的演變所形成的**，如果沒有當下必須刻意保持距離的理由，跟過去一樣地相處即可。對方一旦覺得「人一懷孕，果然會變」，我想，關係會漸漸地產生嫌隙，這麼一來，就是關係改變的時候了。

你能做的，是**不要擅自揣測對方的領域**。不要將對方視爲「正在接受不孕治療的人」，而是視爲朋友。從對方的角度來看，和懷孕直接相關的話題應該會產生震撼，所以除非對方直接詢問，否則必須顧慮到對方的心情，避免提及，但是不必太過擔心兩人之間關係。

就「不要擅自揣測對方的領域」這個層面而言，我想，不彷試著直接詢問「你還肯跟我當朋友嗎？」在那之前，原本只是「不孕治療夥伴」這種「徒具形式的關係」，說不定會因此變成眞正的朋友關係。

CASE 25

虧我認真地陪你討論……

E女的案例

後進說她有煩惱而找我出去聊聊，我特別撥出了時間陪她討論，但是她不只找我，還找了許多人討論。她明明說「這件事不能告訴別人」，結果，聽說她還找占卜師，討論了同一件事。既然如此，一開始那麼做不就得了。陪她討論那麼久，浪費我的時間。心裡這麼想的我，是否心胸太狹隘呢？

分析

別管「該怎麼做才會被人喜歡」，而是心想「自己想怎麼做」

當然，這個後進的「女性」指數很高。不過，當她說「這件事不能告訴別人」的時候，或許她眞的是這麼想。因爲基於**當場的情緒，感覺在對「自己人」說話**，也是「女性」的特徵之一。也就是說，她或許不是基於「不能告訴別人」這種客觀的判斷，而是想說「我把你當作自己人」。

因此，有時候自己也必須判斷那是否眞的是「不能告訴別人的事」。

話說回來，**傾聽別人的煩惱時，也必須注意自己的「女性」**。尤其是有「母親病」的人，愛管他人閒事，容易連原本不必聽的煩惱也聽了。

當然，傾聽別人的煩惱沒問題，但那應該**僅止於自己想聽的範圍內**。對後進這種態度，覺得「浪費時間」，不是**因為心胸狹隘，而是因為勉強自己做了**

原本不想做的事。

要擺脫「女性」，**別管「該怎麼做才會被人喜歡」，而是心想「自己想怎麼做」**。因此，不要指責自己心胸狹隘，而是決定「只做自己想做的事」、「只在不勉強自己的範圍內給予幫助」即可。

CASE 26

工作是其次，戀愛、結婚擺第一的後進真討厭

F女的案例

職場中的後進G女，總是說工作不必太認眞，過得去就好，斬釘截鐵地說她一定要在三十歲之前結婚、生小孩。如今一有連假，就和拿高薪的男友出國。相對地，我一週搭最後一班電車回家一次，雖然有男友，但是彼此工作忙碌，還沒到結婚的時候。我對於依賴男性生活感到厭惡，但是看到G女比我幸福，更感到厭惡。

分析

自己的生活型態要由自己決定

在第2章提到了女性的生活型態有百百種，若是多了「女性」才有的討厭特徵，就會給人帶來這種不愉快的感覺。

不過，在此不要關注「女性」指數似乎很高的G女，而是刻意看一看F女內心的「女性」。

看到G女的生活方式，心想「她比自己幸福」而感到厭惡，代表已經被她捲入了。看到比自己「過得好的女人」時，感到厭惡，是「女性」的內心。連平常不會顯現「女性」的F女，看到G女的行徑，「女性」也會受到刺激是理所當然。

話說回來，**自己的生活型態應該要由自己決定**。當然，有許多無法控制的事，像是忙碌等等，但是轉念這麼想：因爲想要經濟獨立，才有如今的生活。

依賴男性的人生計畫，往往會因爲男性而有各種變化。因此，不曉得G女的實際人生是否能夠按照如今的計畫。說不定幾年後，丈夫外遇了或被裁員了，一切全亂了套。

此外，沒有比以「結婚」、「生小孩」等「有形事物」爲中心而活，更不穩定的人生了。實際上是否能夠順利走到結婚這一步？說不定會因爲不孕而煩惱？即使生了小孩，養育小孩的過程也難以預料。

話說回來，沒有人能夠保證會按照自己勾勒的藍圖過一生。也許會有超出預期的事等著你，這種時候出現時，**「自己一路以來重視什麼而活」**才是依靠。

因此，無論任何時候，最好確實地擁有自己重視的事物，像是「要眞誠」、「要重視身邊的人」、「要擁有關心自己的時間」等等。「避免成爲

『女性』」也很好。

如果經濟獨立，我想，就會擁有「不管發生什麼事，我都能堅強」這種感覺，而同樣地，**擁有「重視的事物而活」的人，不管發生什麼事，都能堅強**。相對地，若是依賴某人，只尋求「有形事物」，就會變得非常不穩定。

因為忙得團團轉而感到厭惡時，是到了該**化被動的人生為主動的時候**。試著重新確認「自己重視的是什麼」，感覺自己的堅強。

此外，像G女這種大肆張揚自己的生活方式的人，會衝擊到其他人，看到她就會產生不必要的不愉快。因此，建議使用「忽視『女性』」的技巧，盡量不看G女，也是一種做法。

CASE 27

被迫聽不想聽的事

H女的案例

打工打姨的炫耀，令我感到煩躁。坦白說，我對她的孩子和丈夫的事沒有興趣，但還是會聽她說完。或許是因爲這個緣故，明明也有別人在，但是她只會沒完沒了地對我說，眞是傷腦筋。

分析

令對方開心的氣場

如同這位H女，有一種人會成爲他人炫耀或訴說不幸的目標。當然，有時候說話者不管對方是誰都照說不誤，但是像這個案例，大多是「明明也有別人在，但是對方只對自己說」。

那是因為你身上散發著「什麼都肯聽的氣場」。H女也是，「即使沒有興趣，也會聽她說完」。

當然，有人會自然地散發出那種氣場，但其中大多是受到「女性」期待的**「讓對方開心」、「不被對方討厭」這種習慣在發揮作用**。

態度和善地單方面聽人訴說，等於是在發送「我對你的話感興趣」這種訊息。即使對方一直訴說，你也不能抱怨。

因此，如果可能，當對方說到一半時，假裝想起另一件重要的事需要離席，像這樣物理性地離開現場應該也不錯。像是「啊，我得打個電話」、「我得傳簡訊給朋友」等等，都是好的籍口。

或者變成「有點與眾不同的人」，也是一個方法。即使對方在說話，擅自開始做伸展等等，做自己的事，變成「與眾不同的人」，也是一個辦法。仔細想想，對方也是擅自地在訴說，所以你擅自地做伸展也無妨。

說「我沒興趣」表示你不感興趣，對於「女性」而言，確實是一件可怕的事，我無法建議你這麼做，因爲**「女性」最討厭遭人否定**。不過，試著問某個值得信賴的人：「你知道她爲什麼只找我炫耀嗎？」說不定會知道自己哪裡散發出「什麼都肯聽她說的氣場」，不妨試著修正。

不要太在意對方的臉色，如果正在工作，就專注於工作，如果是休息時間，就**做自己想做的事**。如果能夠自然地這麼做，就不是「女性」，可說是變成獨立的女人了。

後記

不斷體驗放下「女性」之後的舒適感受吧！

這本書，主要談論女性的人際關係中，如何與「女性」和睦相處，了解「女性」，學會正確相處方式，同時降低自己的「女性」指數。拿「女性」沒輒的人，經常會覺得「女人就是因爲這樣，所以才討人厭……」而瞧不起「女性」，或者覺得必須配合「女性」，連自己也試著像「女性」一樣行動，但是看過本書之後，應該就能了解兩種做法都只會產生反效果。

在第1章中，提到了降低「女性」指數，會強化女性的所有能力。如果你能夠從本書感受到了什麼，我將深感榮幸，但實際上，變成「女性」指數低的人，會減少壓力，使每天變得精彩。人際關係的自由度也提高，能夠堅強、爽朗地按照自己的想法過人生。

如同在第9章看到的，某種壓力的背後，大多有自己的「女性」。因此，對什麼感到不愉快時，我想，不妨試著懷疑那說不定來自於自己的「女性」。明白那是因爲「女性」所造成的，爽快地停止的話，我想，就能感覺到身心變得更輕盈、更自由。

最後，讓我們再復習一遍，一邊看序言列舉的「女性」的特徵，一邊回顧何謂「女性」指數低的人。

【女性】如同人們常說「女人的敵人是女人」，女性會嫉妒比自己好命的女性，試圖扯對方後腿，或者試圖奪取對方的幸福。

↓

【「女性」指數低的人】不在意其他女性的事。縱使其他女性比自己優秀、比自己好命，也只是認爲「人人各不相同」。基本上，態度溫和，能夠協助他人的情況下，就協助他人。

【女性】表裡不一。表面上笑臉迎人，但是背地裡耍陰。向對方說「這個好可愛啊」，但是私底下卻說「實在有夠俗氣」。

【「女性」指數低的人】表裡一致。

←

【女性】在男性面前，扮演「可愛的女性」、「柔弱的女性」。

←

【「女性」指數低的人】無論是在男性面前，或者在女性面前，都泰然自若地行動，做自己。

【女性】忽視其他女性，試圖讓男性只喜歡自己。

←**【「女性」指數低的人】**做自己想做的事。對於「該怎麼做才會被人喜歡」不太感興趣。

【女性】一旦有了情人就變了一個人。變得一切以情人優先，對其他女性朋友採取「無禮」的態度。

←**【「女性」指數低的人】**女性朋友還是女性朋友，和過去一樣重視對方。或者巧妙地在自己的朋友關係中定位情人，讓情人和朋友能夠互相交流。

【女性】會以最快速度成群結隊。試圖在「群體」中尋求同夥，排除異質份子。

↓

【「女性」指數低的人】對於獨自一個人不會覺得有問題。和眾人在一起時，也不採取排他的態度。

【女性】不擅長「自己是自己、他人是他人」這種觀點。無法尊重對方擁有和自己不同的意見或生活模式，只要認為「自己被對方否定了」，就視對方為「敵人」。

↓

【「女性」指數低的人】能夠尊重多元的意見和生活型態。

【女性】情緒性地決定「敵人」、「自己人」，對於奉承自己的人，赴湯蹈火在所不辭，相對地，對於自己的「敵人」，情緒性地攻擊到底。在大多數情況下，這種情緒性攻擊會被賦予「正當」性，主詞不用「我」，而是用「一般人」、「就常識來說」等等。

←**【「女性」指數低的人】**不採取「敵人」、「自己人」這種看法。不情緒性地行動，平等待人，始終如一。態度和善地對待所有人，擅長和人保持距離。

←**【女性】**喜歡背後說人壞話、講八卦，也就是討論他人的負面話題。

【「女性」指數低的人】不背後說壞話、不說負面的八卦。

【女性】不會有話直說，說話方式間接而拐彎抹角，擺出一副「你知道我的意思吧」這種態度。而若對方不明白自己的意思，就會不高興。

↓

【「女性」指數低的人】在希望別人明白的情況下，以「我」爲主詞，盡量採取直接的說話方式。訴說自己感到困擾的事，委託他人協助。

【女性】端出自己是「媽媽」、「姐姐」的姿態。即使沒有惡意，但自以爲最了解對方，將自己的意見強加在對方身上，或者指責對方。

↓

【「女性」指數低的人】尊重各自的領域。對自己的領域負責的同時，不侵犯對方的領域。能夠接受對方應該有自己不知道的隱情。

如何？如果能夠成爲這種人，我想應該能夠想像，不只是女性之間的關係會進展順利，自己也能夠變成非常自由、堅強的人。

當然，社會上還有許多形形色色的「女性」，女性之間的關係日益困難，但是不妨先從自己做起，試著放下「女性」，成爲先驅者，使自己的人際關係變得圓融的同時，也降低身邊女性的「女性」指數吧。

整理整頓 女子的人間關係

作　者 水島廣子
譯　者 張智淵
主　編 蔡曉玲
協力編輯 黃郁清
行銷企畫 高芸珮．李雙如
封面與內頁插圖 Noritake
封面設計 陳文德
內頁設計 Joseph

發行人 王榮文
出版發行 遠流出版事業股份有限公司
地址 臺北市南昌路2段81號6樓
客服電話 02-2392-6899
傳真 02-2392-6658
郵撥 0189456-1
著作權顧問 蕭雄淋律師

2015年8月1日 初版一刷
定價 新台幣260元（如有缺頁或破損，請寄回更換）

ISBN 978-957-32-7674-6
遠流博識網 http://www.ylib.com E-mail: ylib@ylib.com

JOSHI NO NINGEN KANKEI by Hiroko Mizushima

Illustration by Noritake
Book Design by Shimpachi Inoue

Original Japanese edition published by Sanctuary Publishing Inc.

This Traditional Chinese edition published by arrangement with Sanctuary Publishing Inc., Tokyo, through HonnoKizuna, Inc., Tokyo, and AMANN CO., LTD.

國家圖書館出版品預行編目 (CIP) 資料

女子的人間關係 / 水島廣子著 ; 張智淵譯 .
-- 初版 . -- 臺北市 : 遠流 , 2015.08　面 ;　公分
ISBN 978-957-32-7674-6(平裝)
1. 人際關係 2. 女性心理學

494.1　104009647